チャート式® シリーズ

中学 理科

総仕上げ

数研出版
https://www.chart.co.jp

本書の特長と使い方

本書は，中学3年間の総復習と高校入試対策が1冊でできる問題集です。「復習編」と「入試対策編」の2編構成となっており，入試に向けて段階的に力をつけることができます。

1 復習編　Check! → Try! の2ステップで，中学3年間の総復習をしましょう。

Check!
単元の要点を確認する基本問題です。

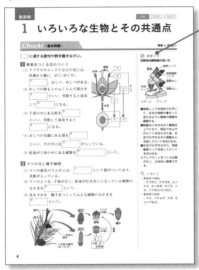

側注のアイコン

✓ 復習メモ
特に重要度の高い復習事項です。

🔍 くわしく
本文の内容をより深めます。

Try!
基礎知識を応用して解く問題です。

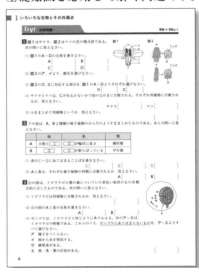

2 入試対策編

入試で必ず問われるテーマを取り上げています。入試に向けて実戦力を強化しましょう。

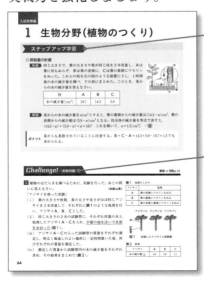

ステップアップ学習
入試でよく問われる例題の解説です。

Challenge!
実際の入試問題から出題しています。

3 総合テスト

巻末の4ページはテストになっています。入試本番前の力試しをしましょう。

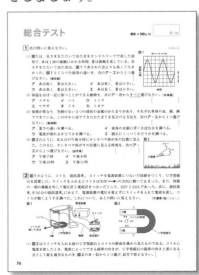

もくじ

一緒に
がんばろう！

数研出版公式キャラクター
数犬チャ太郎

3

1 いろいろな生物とその共通点

Check! ―基本問題―

解答 ➡ 別冊p.1

　に適する語句や数を書きなさい。

1 果実をつくる花のつくり

(1) アブラナやエンドウなどの花には，
外側から順に，がく（がく片），
① ，おしべ，めしべがある。

(2) めしべの根もとのふくらんだ部分を
② といい，受粉すると成長
して ③ になる。

(3) 子房の中にある粒を ④
といい，受粉して成長すると
⑤ になる。

(4) おしべの先端にある袋を ⑥
といい，その中には ⑦ が入っている。

(5) 胚珠が子房の中にある植物を ⑧ という。

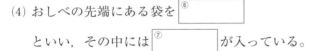

受粉
柱頭
⑦
⑥
おしべ
②
④
⑤
③
成長

2 マツの花と種子植物

(1) マツの雄花のりん片には， ① という袋がついており，
花粉が入っている。

(2) マツのような，子房がなく，胚珠がむき出しになっている植物の
なかまを ② という。

(3) 花をさかせ，種子をつくってふえる植物のなかまを
③ という。

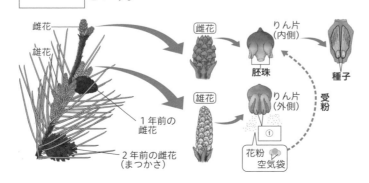

雌花
雄花
1年前の雌花
2年前の雌花
（まつかさ）

雌花
雄花
りん片
（内側）
胚珠
りん片
（外側）
①
花粉
空気袋
種子
受粉

✅ 復習メモ

双眼実体顕微鏡の使い方

鏡筒
接眼レンズ
視度調節
リング
粗動ねじ
対物
レンズ
微動ねじ
ステージ　クリップ

❶接眼レンズを両目でのぞい
て，左右の視野が重なって
見えるように鏡筒の間隔を
調整する。

❷粗動ねじをゆるめて鏡筒を
上下させて，両目でおよそ
のピントを合わせた後，右
目でのぞきながら微動ねじ
を回してピントを合わせる。

❸左目でのぞきながら，視度
調節リングを回してピント
を合わせる。

※プレパラートをつくる必要
がなく，立体的に観察でき
る。

🔍 くわしく

・主な被子植物
…アブラナ，アサガオ，エン
ドウ，タンポポ，サクラ，イ
ネ，トウモロコシなど。

・主な裸子植物
…マツ，イチョウ，スギ，セ
コイアなど。

3 植物の分類

(1) 被子植物のうち，子葉が2枚のなかまを ①[　　　]，子葉が
1枚のなかまを ②[　　　] という。

(2) 双子葉類は，葉脈の形が ③[　　　] で，根は ④[　　　] と
側根であり，単子葉類は，葉脈の形が ⑤[　　　] で，根は
⑥[　　　] である。

(3) 双子葉類のうち，花弁がつながっているなかまを ⑦[　　　]，
花弁が1枚1枚離れているなかまを ⑧[　　　] という。

(4) 種子をつくらない植物は，胞子のうという袋でつくられた
⑨[　　　] でふえる。この植物には，イヌワラビなどの
⑩[　　　] やゼニゴケなどの ⑪[　　　] がある。

(5) シダ植物には，根・茎・葉の区別が ⑫[　　　]。

(6) コケ植物には，根・茎・葉の区別が ⑬[　　　]，からだを地面
などに固定するはたらきのある ⑭[　　　] をもつ。

4 動物の分類

(1) 背骨がある動物を ①[　　　] といい，魚類，両生類，ハ
チュウ類，鳥類，②[　　　] 類に分けられる。一方，背骨のな
い動物を ③[　　　] という。

(2) 親が卵をうみ，卵から子がかえるうまれ方を ④[　　　] といい，
子が母親の子宮内である程度育ってからうまれるうまれ方を
⑤[　　　] という。

(3) 無セキツイ動物のうち，外骨格をもち，からだやあしに節がある動
物を ⑥[　　　] といい，このうちのバッタやチョウなどのな
かまを ⑦[　　　]，エビやカニなどのなかまを ⑧[　　　] という。

(4) 無セキツイ動物のうち，イカなどのように内臓をおおっている
⑨[　　　] をもつ動物を ⑩[　　　] という。

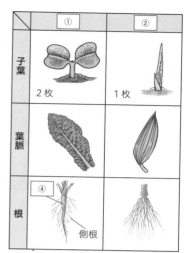

	①	②
子葉	2枚	1枚
葉脈		
根	④ 側根	

✅ 復習メモ

動物の特徴のちがい

セキツイ動物の分類

	魚類	両生類	ハチュウ類	鳥類	ホニュウ類
生活場所	水中	水中→陸上	陸上		
体表	うろこ	湿った皮膚	うろこ	羽毛	毛
呼吸	えら	えらと皮膚→肺と皮膚	肺		
うまれ方	卵生				胎生

無セキツイ動物の分類

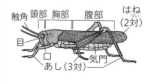

🔍 くわしく

無セキツイ動物のからだのつくり

・昆虫類　例：バッタ

触角　頭部　胸部　腹部　はね(2対)
目
あし(3対)　気門

・軟体動物　例：イカ

ひれ　外とう膜　目
胴部　頭部　あし(腕)　ろうと

動物の分類は，しっかりと全体像をつかむようにしよう。

1 いろいろな生物とその共通点

1 図1はサクラ，図2はマツの花の模式図である。
次の問いに答えなさい。

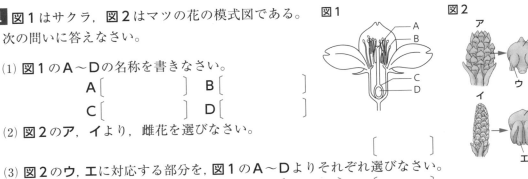

図1　　　　　　　　　　　　　　図2

(1) 図1のA〜Dの名称を書きなさい。

A [　　　　　　　] B [　　　　　　]

C [　　　　　　　] D [　　　　　　]

(2) 図2のア，イより，雌花を選びなさい。

[　　　　　　]

(3) 図2のウ，エに対応する部分を，図1のA〜Dよりそれぞれ選びなさい。

ウ [　　　] エ [　　　]

(4) サクラとマツは，Cがあるかないかで別のなかまに分類される。それぞれ何植物に分類されるか，答えなさい。

サクラ [　　　　　] マツ [　　　　　]

(5) (4)をまとめて何植物というか，答えなさい。

[　　　　　　]

2 下の表は，A，B 2種類の被子植物のからだのようすをまとめたものである。あとの問いに答えなさい。

	根	茎	葉
A	主根と ①	③ が輪状に並ぶ	網状脈
B	②	③ が散らばっている	平行脈

(1) 表の①〜③にあてはまることばを書きなさい。

① [　　　　] ② [　　　　] ③ [　　　　]

(2) AとBは，それぞれ被子植物の何類に分類されるか，答えなさい。

A [　　　　] B [　　　　]

3 右の図は，イヌワラビの葉の裏についていた茶色い粒状のものを模式的に示したものである。次の問いに答えなさい。

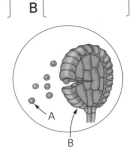

(1) イヌワラビは何植物に分類されるか，答えなさい。

[　　　　　　]

(2) 右の図のAとBの名称を書きなさい。

A [　　　　　] B [　　　　　]

(3) ゼニゴケは，イヌワラビと同じようにAでふえる。次のア〜エは，イヌワラビの特徴である。これらのうち，ゼニゴケにあてはまらないものを，ア〜エよりすべて選びなさい。

ア　種子をつくらない。

イ　根から水を吸収する。

ウ　維管束がある。

エ　根・茎・葉の区別がある。

[　　　　　]

4 右の図は植物を分類したものである。次の問いに答えなさい。

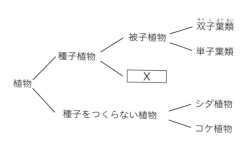

(1) **X** にあてはまることばを書きなさい。

［　　　　　　　　　　　］

(2) 双子葉類は，ある特徴によってさらに2つのグループに分けることができる。何の特徴によって分けられるか，答えなさい。

［　　　　　　　　　　　］

5 下の図の動物について，あとの問いに答えなさい。

ヘビ

ペンギン

クマ

アジ

イモリ

(1) 一生えらで呼吸する動物を選びなさい。

［　　　　　　　　　］

(2) 両生類を選びなさい。

［　　　　　　　　　］

(3) 体表が毛や羽毛でおおわれている動物をすべて選びなさい。 ［　　　　　　　　　］

(4) 胎生の動物を選びなさい。

［　　　　　　　　　］

6 右の表は，4種類の動物の1回の産卵でうむ卵の数を示している。次の問いに答えなさい。

動物	卵の数（個）
イカ	5000
イワシ	5万～8万
トカゲ	6～15
ヒバリ	4～6

(1) 右の表で，内臓が外とう膜でおおわれている動物を答えなさい。

［　　　　　　　　　］

(2) (1)のような外とう膜のある動物を，何動物というか，答えなさい。

［　　　　　　　　　］

(3) 右の表で，弾力のある殻をもつ卵を陸上にうむ動物を答えなさい。

［　　　　　　　　　］

(4) ヒバリは，産卵数が少ないが，親まで育つ割合は表のほかの動物と比べて高い。その理由を簡単に書きなさい。

［　　　　　　　　　　　　　　　　　　　　　　　　　　　　　　　　　　　　　　］

(5) ヒトも，ヒバリと同じように，親まで育つ割合が高い。これは，(4)の理由以外に，胎生だからである。この胎生とは何かを「親」「子」「体内」「うむ」という語を使って，簡単に書きなさい。

［　　　　　　　　　　　　　　　　　　　　　　　　　　　　　　　　　　　　　　］

2 生物のからだのつくりとはたらき

Check! −基本問題−

解答 ➡ 別冊p.1

☐ に適する語句や数を書きなさい。

1 生物の細胞とからだ

(1) 動物の細胞と植物の細胞に共通するつくりは
☐① と細胞膜で，
① は ②☐ などの染色液によく染まる。

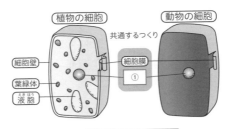

植物の細胞　共通するつくり　動物の細胞
細胞壁　細胞膜　葉緑体 ①☐ 液胞

(2) からだが1つの細胞でつくられた生物を ③☐ ，多くの細胞が集まってできている生物を ④☐ という。

(3) 多細胞生物では，形やはたらきが同じ細胞が集まって ⑤☐ ができ，いくつかの ⑤ が集まって ⑥☐ ができている。また，いくつかの ⑥ が集まったものが個体である。

2 植物のつくりとはたらき

(1) 植物が ①☐ と二酸化炭素から，光のエネルギーで ②☐ などの有機物と酸素をつくり出すはたらきを ③☐ という。このはたらきは，葉の細胞にある ④☐ で行われている。

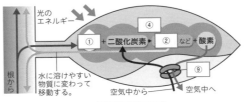

光のエネルギー
①☐ +二酸化炭素 → ②☐ など+酸素 ④☐
根から　水に溶けやすい物質に変わって移動する。
空気中から ⑨☐ 空気中へ

(2) 植物も二酸化炭素を放出する ⑤☐ を行っている。

(3) 葉のつくりは，葉脈の表側に水などを運ぶ ⑥☐ ，裏側に葉でつくられた(栄)養分を運ぶ ⑦☐ があり，これらが集まったものを ⑧☐ という。また，表皮には2つの細長い(三日月形)細胞に囲まれた ⑨☐ というすきま(穴)があり，裏側に多い。このすきまから水が水蒸気となって出ていくことを ⑩☐ という。

(4) 根の先端近くには小さな毛のような ⑪☐ が多数あり，水などの吸収効率をよくし，根を抜けにくくしている。

🔍 **くわしく**

染色液…酢酸カーミン(溶)液，酢酸オルセイン(溶)液，酢酸ダーリア(溶)液などがある。

✓ **復習メモ**

顕微鏡の使い方

両手で持ち，直射日光の当たらない水平な場所で使う。

❶反射鏡としぼりで，視野全体が明るくなるように調節する。

❷プレパラートをステージにのせ，横から見ながら，対物レンズとプレパラートをできるだけ近づける。

❸接眼レンズをのぞきながら，プレパラートをステージから離していき，ピントを合わせる。

❹レボルバーを回して，対物レンズを高倍率にしてくわしく観察する。

✓ **復習メモ**

植物は，光合成を行う昼間には，見かけ上，二酸化炭素を吸収して酸素を放出している。

✓ **復習メモ**

茎の維管束

道管　師管
双子葉類
輪のように並ぶ。

道管　師管
単子葉類
散在している。

3 動物のつくりとはたらき

(1) だ液に含まれる消化酵素の ① [   ] は,デンプンを麦芽糖などに分解する。麦芽糖はすい液や小腸の壁の消化酵素のはたらきで ② [   ] に分解される。タンパク質は胃液,すい液や小腸の壁の消化酵素のはたらきで ③ [   ] に分解される。また,脂肪はすい液中のリパーゼで,④ [   ] とモノグリセリドに分解される。

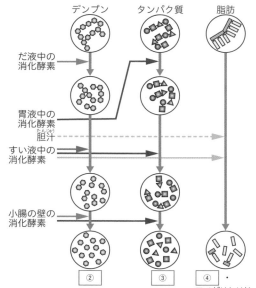

デンプン　　タンパク質　　脂肪

だ液中の消化酵素

胃液中の消化酵素

胆汁

すい液中の消化酵素

小腸の壁の消化酵素

② [ ]　　③ [ ]　　④ [ ]・モノグリセリド

(2) 気管は肺へ入ると気管支に分かれ,先端は ⑤ [   ] という無数の小さな袋になっている。

(3) 心臓から送り出される血液が流れる血管を ⑥ [   ] といい,戻る血液が流れる血管を ⑦ [   ] という。

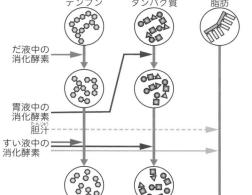

肺動脈　肺循環　肺　肺静脈
静脈血　　大動脈　　動脈血
大静脈　　　心臓　　動脈
静脈　　体循環　　　動脈
全身の細胞

(4) 体内に生じた不要物は,血液が ⑧ [   ] を通るときにこし取られて尿となって排出される。

(5) 刺激を受けとる器官を ⑨ [   ] という。光の刺激を受けとる目の感覚が ⑩ [   ],音の刺激を受けとる耳の感覚が ⑪ [   ] であり,そのほかに嗅覚,味覚,触覚がある。

(6) 脳と脊髄を ⑫ [   ] といい,そこから枝分かれして全身に広がっている神経を ⑬ [   ] という。⑬ には,感覚器官からの信号を脳や脊髄に伝える ⑭ [   ] と,脳や脊髄からの信号を筋肉に伝える ⑮ [   ] がある。

(7) 危険から身を守るため,刺激に対して無意識に起こる反応を ⑯ [   ] という。

Q くわしく

・消化酵素
　胃液には,最初にタンパク質にはたらくペプシン,すい液にはタンパク質にはたらくトリプシン,脂肪にはたらくリパーゼなどの消化酵素が含まれる。

・(栄) 養分の吸収
　消化された物質は小腸の柔毛で吸収され,ブドウ糖とアミノ酸は毛細血管へ,脂肪酸とモノグリセリドは再び脂肪となってリンパ管へ入る。

Q くわしく

肝臓のはたらき
❶ (栄) 養分の貯蔵
❷ 胆汁の生成
❸ タンパク質や脂肪の合成
❹ アンモニアを尿素につくり変えるなど,有害な物質を無害な物質にする。

Q くわしく

血液の成分
❶ 赤血球:酸素を運ぶヘモグロビンを含む。
❷ 白血球:ウイルスや細菌などを分解する。
❸ 血小板:出血のときに血液を固める。
❹ 血しょう:液体成分で,(栄) 養分や不要物がとけている。また,毛細血管から細胞間へしみ出すと組織液となる。

生物のからだについては,とにかく正確な知識が大事!確実に覚えよう。

2 生物のからだのつくりとはたらき

1 図1のように，枚数と大きさが同じ葉をつけた植物の枝A～Cを，水を入れた試験管にさし，水面に少量の油を注いだ。1時間後にA～Cの枝をさした試験管の水の減少量を調べたところ，表のようになった。これについて，次の問いに答えなさい。

(1) 葉にワセリンをぬることでふさがれてしまう，葉の表皮にあるつくりを何というか。

[　　　　　　　]

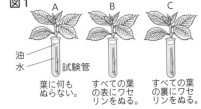

図1

葉に何も
ぬらない。

すべての葉
の表にワセ
リンをぬる。

すべての葉
の裏にワセ
リンをぬる。

油
水
試験管

(2) 植物のからだにある水が，水蒸気となって(1)から出ていくことを何というか。

[　　　　　　　]

(3) 葉の表面，裏面，茎から出ていった水の体積は，それぞれ何 cm^3 か。

枝	A	B	C
水の減少量〔cm^3〕	23.3	17.5	7.8

表面[　　　　　]　裏面[　　　　　]　茎[　　　　　]

(4) 図2は，この植物の茎の横断面を模式的に表したものである。a，bにある管をそれぞれ何というか。

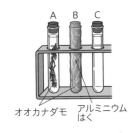

図2

a[　　　　　]　b[　　　　　]

(5) 水が通るのは，図2のa，bのどちらか。

[　　　　　　　]

(6) 実験の結果から，(1)が最も多いのは葉の表面，葉の裏面，茎のどこか。

[　　　　　　　]

2 図のように，青色のBTB溶液に息をふきこんで緑色にし，そのBTB溶液を加えた水を入れた試験管A～Cを用意した。試験管A，Bにはオオカナダモを入れ，試験管Bはアルミニウムはくでおおった。この状態で光を2時間当てたところ，水に加えたBTB溶液の色が変化した試験管があった。これについて，次の問いに答えなさい。

(1) 光を当ててから2時間後の試験管A～Cの水に加えたBTB溶液の色は，それぞれ何色か。

A[　　　　　]　B[　　　　　]　C[　　　　　]

オオカナダモ　アルミニウムはく

(2) 試験管A，Bの水に加えたBTB溶液の色が変わったのは，それぞれオオカナダモの何というはたらきによるものか。

A[　　　　　]　B[　　　　　]

(3) 光を当ててから2時間後の試験管Aに入れたオオカナダモの葉を，熱湯に入れてからヨウ素液を滴らし，顕微鏡で観察すると，青紫色に染まった小さな粒が見られた。この粒を何というか。

[　　　　　　　]

(4) (3)の小さな粒には，何ができていたことがわかるか。

[　　　　　　　]

(5) 試験管Bのオオカナダモの葉も同様に観察したが，小さな粒は青紫色に染まっていなかった。このことから，(4)をつくるには何が必要なことがわかるか。

[　　　　　　　]

3 図1のように，試験管①にはデンプン溶液10cm³とだ液2cm³，試験管②にはデンプン溶液10cm³と水2cm³を入れ，約40℃の湯に10分間入れた。次に，試験管①の溶液を試験管A，B，試験管②の溶液を試験管C，Dに分け，試験管A，Cにはヨウ素液を加え，試験管B，Dにはベネジクト液を加え，ある操作を行ったところ，表のような結果になった。これについて，次の問いに答えなさい。

(1) デンプンはだ液によって，何に分解されたか。

[   ]

(2) ベネジクト液を加えた後に行った「ある操作」とはどのようなことか。簡潔に書きなさい。

[   ]

(3) だ液に含まれ，デンプンを分解するためにはたらいた消化酵素を，何というか。

[   ]

(4) デンプンは，小腸で吸収されるとき，何という物質にまで分解されているか。

[   ]

(5) デンプンが(4)に分解されるまでにはたらく消化酵素を含むものを，次の**ア**〜**エ**からすべて選びなさい。

ア 胃液   **イ** 胆汁   **ウ** すい液   **エ** 小腸の壁

[   ]

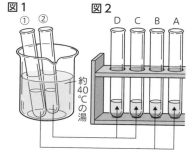

図1   図2

試験管	A	B	C	D
ヨウ素液	×	ー	○	ー
ベネジクト液	ー	○	ー	×

※○は反応した。×は反応しなかった。

(6) 図3は，デンプンなどが消化酵素のはたらきで分解された物質を吸収するつくりを模式的に表したものである。次の（ ① ）〜（ ③ ）にあてはまる語を，それぞれ書きなさい。

図3は（ ① ）の内壁にある（ ② ）で，デンプンが分解した(4)は（ ③ ）へ吸収される。

①[   ] ②[   ] ③[   ]

図3

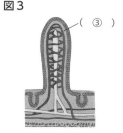

（ ③ ）

4 図のように，10人が手をつなぎ，1人目が右手でストップウォッチを押すと同時に左手で2人目の右手を握った。これをくり返していき，10人目は右手を握られたと感じたらすぐに左手を上げ，これを見た1人目はストップウォッチを止めた。これについて，次の問いに答えなさい。

(1) 2〜10番目の人が，右手を握られたという刺激の信号が伝わる神経を何というか。

[   ]

(2) 同じことを3回行った平均は2.10秒であった。1人目が10人目の左手が上がるのを見てからストップウォッチを止めるまでにかかる時間の平均が0.12秒のとき，右手を握られてから，左手で次の人の右手をにぎるまでの時間の平均は，1人当たり何秒か。

[   ]

3 生命の連続性

Check! −基本問題−

解答 ➡ 別冊p.2

□ に適する語句や数を書きなさい。

1 細胞のふえ方

(1) 1つの細胞が2つに分かれることを ① □ といい, ① のときに現れるひものようなものを ② □ という。

(2) 細胞分裂で, 新しくできた2つの細胞の核に含まれる染色体の数は, もとの細胞と ③ □ になる。

(3) 生物の形や性質などの特徴を ④ □ といい, 染色体には, ④ を決める ⑤ □ が存在する。

(4) 多細胞生物の体細胞がふえる細胞分裂を ⑥ □ という。

2 生物のふえ方

(1) 生物が自ら(親)と同じ個体(子)をつくることを ① □ といい, 体細胞分裂などでふえる ② □ と, 雌雄の親が関わる受精によってふえる ③ □ がある。

(2) 被子植物の有性生殖では, 花粉管で運ぶ ④ □ と胚珠にある ⑤ □ の核どうしが受精し, 受精卵ができる。受精卵は体細胞分裂をくり返して ⑥ □ となる。

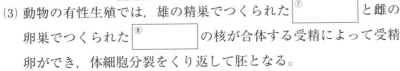

(3) 動物の有性生殖では, 雄の精巣でつくられた ⑦ □ と雌の卵巣でつくられた ⑧ □ の核が合体する受精によって受精卵ができ, 体細胞分裂をくり返して胚となる。

(4) 植物の精細胞や卵細胞, 動物の精子や卵を ⑨ □ といい, 染色体の数が体細胞の $\frac{1}{2}$ になる ⑩ □ でつくられる。

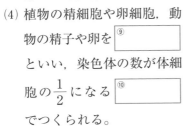
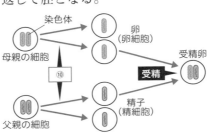

復習メモ
細胞分裂の過程

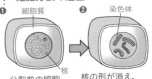

❶ 細胞質
分裂前の細胞　核

❷ 染色体
核の形が消え, 染色体が現れる。

❸ 染色体が中央に集まる。

❹ 染色体が分かれて, それぞれ両端に移動する。

❺ 両端に核ができ始め, 仕切りができる。

❻ 細胞質が2つに分かれ, 2つの細胞ができる。

くわしく
根の成長

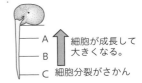

A
B
細胞が成長して大きくなる。
C 細胞分裂がさかん

A　B　C

くわしく
動物の胚とは, 受精卵が細胞分裂を始めてから, 自分で食物をとり始める(孵化する)前までの期間をさす。

3 遺伝の規則性と遺伝子

(1) 生物の形質が, 親から子やそれ以降の世代に伝わることを

　　①　　　　　という。形質を表すもとになるものを②　　　　　と

　　いい, 細胞の核内の染色体にある。

(2) どちらか一方しか現れない2つの形質を③　　　　　という。③

　　の純系どうしの交配で, 子に現れる形質を④　　　　　の形質,

　　現れない形質を⑤　　　　　の形質という。

(3) 減数分裂で, 対になっている遺伝子がそれぞれ別の生殖細胞に

　　入ることを, ⑥　　　　　の法則という。

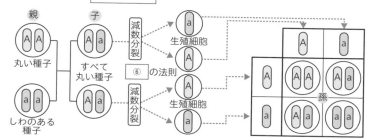

(4) 丸い種子の純系[AA]としわの種子の純系[aa]を親として交配

　　すると, 子の遺伝子の組み合わせはすべて⑦　　　　　の丸い種

　　子ができる。子を自家受粉してできる孫の世代では,

　　AA：Aa：aa＝⑧　　　：⑨　　　：⑩　　　

　　となり, 丸い種子：しわのある種子＝3：1となる。

(5) 遺伝子の本体は⑪　　　　　(デオキシリボ核酸)である。

4 生物の種類の多様性と進化

(1) 生物が長い年月をかけて世代を重ねる間に, 形質が少しずつ変

　　化することを①　　　　　という。

(2) 現在の形やはたらきは異なっているが, 基本的なつくりが同じ

　　で, 起源は同じと考えらえる部分を②　　　　　という。

(3) 地球は約46億年前に誕
生し, 最初の生命は約
③　　　　　億年前に誕
生した。

(4) セキツイ動物の誕生は
約5億年前で, 魚類→
両生類→ハチュウ類→
④　　　　　類→⑤　　　　　類の順に出現したと考えられている。

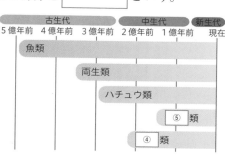

復習編

3 生命の連続性

🔍 くわしく

・遺伝子記号の表し方
対立形質のうち, 顕性の形
質をアルファベットの大文
字, 潜性の形質を同じアル
ファベットの小文字で表す。
[例]エンドウの種子の形で,
丸[A], しわ[a]

・遺伝子の応用
遺伝子組みかえ：別の生物
の遺伝子を導入することで,
収穫量の多い品種, 味がお
いしい植物などがつくられ
ている。
DNA鑑定：DNAが個体ご
とに異なることを利用して,
個体を特定する技術。

✅ 復習メモ
相同器官

イヌ　コウモリ　クジラ　ヒト

前脚　翼　胸びれ　手

✅ 復習メモ
進化の途中で現れた生物
シソチョウ(始祖鳥)

鳥類の特徴
- 前あしが翼になっている。
- 羽毛をもつ。

ハチュウ類の特徴

ハチュウ類から鳥類が進化
する途中で現れた生物で,
ハチュウ類と鳥類の両方の
特徴をもっている。

細胞分裂の順番や, 遺伝子
の組み合わせを記号で書け
るようにしておこう。

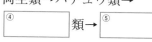

解答 ➡ 別冊p.2

Try! －応用問題－

1 タマネギの種子を発芽させ，10mm程度にのびた根の先端を使い，次の手順でプレパラートをつくり，顕微鏡で観察した。図は，顕微鏡で観察した細胞を模式的に表したものである。これについて，あとの問いに答えなさい。

①根の[　　　]を3mm切りとってスライドガラスに置き，5%塩酸を1滴落として5分置く。
②ろ紙で塩酸を吸いとり，柄付き針で細かくくずしてから染色液を1滴落として5分置く。
③カバーガラスをかけてろ紙を置き，ずらさないように親指でゆっくりと押す。
④できたプレパラートを，顕微鏡で観察する。

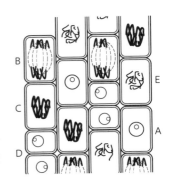

(1) 手順①で，[　　　]にあてはまる語として正しいものを，次のア～ウから1つ選びなさい。
　　ア　先端　　　イ　中ほど　　　ウ　根もと
　　　　　　　　　　　　　　　　　　　[　　　　　]

(2) 手順①で，5%塩酸で処理する理由を，簡潔に書きなさい。
　　[　　　　　　　　　　　　　　　　　　　　　　　]

(3) 手順③で，ずらさないように親指で押すのは，顕微鏡で観察するときに細胞を見やすくするためである。親指で押す操作を行わないと顕微鏡での観察が見にくくなる理由を，簡潔に書きなさい。
　　[　　　　　　　　　　　　　　　　　　　　　　　]

(4) 図の細胞に見られるひものようなものを，何というか。
　　　　　　　　　　　　　　　　　　　　　[　　　　　]

(5) 図のA～Eの細胞を，Aを1番目として細胞分裂が進む順に記号を正しく並べなさい。
　　　　　　　　　　　　　　A→[　　　　　　　　　　]

2 図は，カエルの発生をまとめたものである。これについて，次の問いに答えなさい。

(1) 卵や精子のような細胞を，何というか。
　　　　　　　　　[　　　　　]

(2) (1)をつくるときに行われる細胞分裂を，何というか。
　　　　　　　　　　　　　[　　　　　]

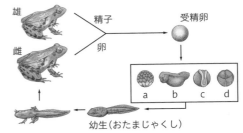

(3) 図の[　　　]内のa～dを，発生が進む順に記号を正しく並べなさい。
　　　　　　　[　　　　　]

(4) カエルとは異なり，無性生殖でふえる動物を，次のア～エからすべて選びなさい。
　　ア　ゾウリムシ　　　イ　ウニ　　　ウ　メダカ　　　エ　ヒドラ
　　　　　　　　　　　　　　　　　　　[　　　　　　　　　]

3 図は，エンドウにおいて丸形の種子をつくる純系と，しわ形の種子をつくる純系を交配したとき，子の種子はすべて丸形になるようすを表している。これについて，次の問いに答えなさい。なお，図中の**A**，**a**は遺伝子を記号で表したものである。

(1) 丸形としわ形という対立形質において，子には現れないしわ形を，何の形質というか。

〔　　　　　　〕

(2) 減数分裂により，対になっている遺伝子が別々の生殖細胞に入ることを，何というか。

〔　　　　　　〕

(3) 子の丸形の種子をまいて育て，自家受粉させた。

① 花粉の核がもつ遺伝子の割合として正しいものを，次の**ア**〜**エ**から１つ選びなさい。

ア **A**：**a**＝１：１　　**イ** **A**：**a**＝３：１
ウ **A**：**a**＝１：０　　**エ** **A**：**a**＝０：１

〔　　　　　　〕

② 孫の代の種子がもつ遺伝子について，**AA**：**Aa**：**aa**の比を，最も簡単な整数で答えなさい。

〔　　　　　　〕

③ できた種子は180個であった。丸形の種子はおよそ何個あると考えられるか。

〔　　　　　　〕

(4) 子の自家受粉でできた孫の代の丸形の種子だけをまいて育て，自家受粉させた。できた種子の丸形：しわ形の比を，最も簡単な整数で答えなさい。

〔　　　　　　〕

図（右上）:
丸形　　しわ形
親の代の遺伝子
減数分裂
生殖細胞
受精
子の代の遺伝子

4 表は，セキツイ動物の５つのなまかに共通する特徴を，その特徴をもつ場合は○で表したものである。また，図は，２つのなかまの中間的な特徴をもつ生物の骨格である。これについて，次の問いに答えなさい。

(1) 表中の（**X**）〜（**Z**）にあてはまる語を，それぞれ書きなさい。

X〔　　　　〕　**Y**〔　　　　〕

Z〔　　　　〕

	特徴		魚類	両生類	ハチュウ類	鳥類	ホニュウ類
呼吸	えら		○	○			
	肺			○	○	○	○
うまれ方	卵生	（**X**）がなく（**Y**）にうむ	○	○			
		（**X**）があり（**Z**）にうむ			○	○	
	胎生						○

(2) 次の文は，図の生物について述べたものである。文中の ① 〜 ③ にあてはまる語を，それぞれ書きなさい。

　図の生物を ① といい， ② 類から ③ 類へ進化する過程の生物と考えられる。

①〔　　　　　　〕　②〔　　　　　　〕　③〔　　　　　　〕

(3) 図の生物に見られる ② 類の特徴を，３つ書きなさい。

〔　　　　　　〕〔　　　　　　〕〔　　　　　　〕

4 身のまわりの物質

Check! −基本問題−

解答 ➡ 別冊p.2

　　　に適する語句や数を書きなさい。

1 いろいろな物質

(1) 加熱したときに燃えて，二酸化炭素が発生する物質には

　　① 　　　　が含まれている。このような物質を② 　　　　とい

い，②以外の物質を③ 　　　　という。

(2) 無機物のうち，鉄，銅，アルミニウムなどを④ 　　　　といい，

④以外の物質を⑤ 　　　　という。④には共通した性質がある。

2 物質の密度

一定の体積（1 cm³）の質量を① 　　　　という。

$$密度〔② \quad 〕 = \frac{物質の③ \quad 〔g〕}{物質の④ \quad 〔cm^3〕}$$

3 気体の発生法とその性質

(1) 酸素は，うすい過酸化水素水に

　　① 　　　　を加えると発生する。

　　② 　　　　で集める。

うすい
過酸化水素水
（オキシドール）
酸素
水
①

(2) 二酸化炭素はうすい③ 　　　　に

石灰石（せっかいせき）や貝殻などを加えると発生す

る。水に少し溶け，空気よりも密度

が大きいので，④ 　　　　または水

上置換法で集める。水溶液の炭酸水

は⑤ 　　　　性を示す。

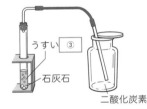
うすい ③
石灰石
二酸化炭素

(3) 水素は，うすい塩酸に亜鉛や鉄など

を加えると発生する。無色・無臭で

水に溶けにくく，最も密度の

　　⑥ 　　　　気体である。

水素
うすい塩酸
亜鉛
水

(4) アンモニアは無色で刺激臭があり，

水によく溶けるので，⑦ 　　　　

で集める。水溶液は⑧ 　　　　性を示す。

塩化アンモニウムと
水酸化カルシウム
乾（かわ）いた
試験管

🔍 くわしく

・有機物
　砂糖，エタノール，ろう，紙，
　プラスチック　など
・無機物
　食塩，ガラス，酸素，水，鉄，
　アルミニウム　など

金属の性質
・みがくと金属光沢が出る。
・電流をよく通す。
・熱をよく伝える。
・たたくと広がる（展性）。
・引っ張るとのびる（延性）。

✓ 復習メモ

メスシリンダーの使い方

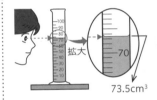
拡大
70
73.5cm³

・液面のへこんだ面を最小目
　盛りの $\frac{1}{10}$ まで読む。

✓ 復習メモ

・酸素
　火のついた線香を入れると，
　線香が激しく燃える。
　（ものを燃やす性質があり，
　助燃性という。）

・二酸化炭素
　石灰水を加えて振ると，石
　灰石が白くにごる。

・水素
　空気中で火をつけると，音
　をたてて燃え，水ができる。

4 水溶液の性質

(1) 物質を液体に溶かすとき，溶か
   す物質を①[   ]，①を溶か
   している液体を②[   ]とい
   い，①が②に溶けた液を
   ③[   ]という。

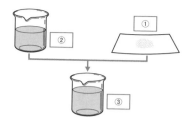

(2) 溶液の質量に対する溶質の質量の割合を百分率（％）で表したも
   のを④[   ]いう。

(3) 一定量（100g）の水に溶ける物
   質の最大量を，その物質の
   ⑤[   ]といい，物質が限
   度量まで溶けているときの水
   溶液を⑥[   ]という。

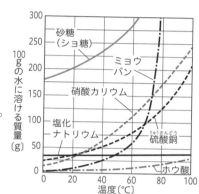

(4) 固体の物質は，水の温度が高
   くなると，溶ける限度量が
   ⑦[   ]なるものが多い。

(5) 飽和水溶液の温度を下げていくと，溶けきれなくなった物質が
   結晶となって出てくる。このことを⑧[   ]という。

(6) 右上の図中の物質のうち，水の温度が変化しても，溶ける限度量
   がほとんど変化しない物質は⑨[   ]である。

5 物質の状態変化

(1) 物質が，固体⇄液体⇄気体と
   変化することを物質の
   ①[   ]という。

(2) 液体の物質が沸騰して気体に
   なるときの温度を②[   ]，
   固体の物質が液体になるとき
   の温度を③[   ]という。

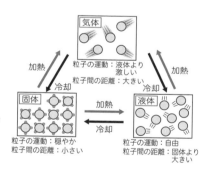

(3) 1種類の物質からできた物質を④[   ]といい，複数の物質
   が混ざり合ったものを⑤[   ]という。

(4) 液体を⑥[   ]させ，
   出てくる気体を集めて冷
   やすことで集める方法を
   ⑦[   ]という。

気体の性質は，いろ
いろな単元に関連さ
せた問題が出題され
るよ。

✓ 復習メモ

水溶液の性質
・透明である
・濃さ（濃度）は，均一である。

角砂糖を水に　砂糖の粒子が
入れた直後　　ばらばらに散
　　　　　　　らばっていく。

砂糖の粒子が
均一に広がる。

🔍 復習メモ

質量パーセント濃度〔％〕
$= \dfrac{溶質の質量〔g〕}{溶液の質量〔g〕} \times 100$

🔍 くわしく

状態変化と質量・体積
・物質が状態変化しても，物質
をつくる粒子（原子・分子）
の総数は変化しないので，
質量は変化しない。
・物質が状態変化すると，粒子
間の距離が変化するので，
体積は，固体＜液体＜気体
になる。（水は例外で，液体
＜固体＜気体）

🔍 くわしく

純粋な物質
塩化ナトリウム，エタノール，
酸素，二酸化炭素，銅　など
混合物
塩化ナトリウム水溶液，炭酸水，
海水，石油，空気，ろう　など

✓ 復習メモ

混合物の融点や沸点は決まっ
た温度にはならない。

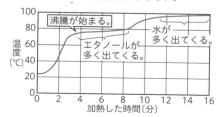

Try! −応用問題−

解答 ➡ 別冊p.3

1 白い粉末A，B，Cがあり，砂糖，食塩，かたくり粉のいずれかである。これらを区別するため，加熱したときと，水に入れてかき混ぜたときのようす調べた。表は結果をまとめたものである。これについて，あとの問いに答えなさい。

物質	A	B	C
加熱したときの変化	黒くこげた	黒くこげた	変化なし
水に入れてかき混ぜたときの変化	溶けた	白くにごった	溶けた

(1) 白い粉末A，Bを加熱したとき黒くこげたことから，白い粉末A，Bに含まれていることがわかる物質を，次のア〜ウから1つ選びなさい。

　　ア　塩素　　　イ　窒素　　　ウ　炭素

〔　　　　　　　〕

(2) (1)を含む物質を，何というか。

〔　　　　　　　〕

(3) 白い粉末A，B，Cは，それぞれ砂糖，食塩，かたくり粉のどれか。

A〔　　　　　　〕　B〔　　　　　　〕　C〔　　　　　　〕

2 表1は物質A〜Dの体積と質量で，表2は金属の密度をまとめたもので，A〜Dは，それぞれ表2の金属のいずれかである。これについて，次の問いに答えなさい。

(1) 物質Aの密度は，何g/cm³か。

〔　　　　　　　〕

(2) 物質Bは，表2の金属のどれか。

〔　　　　　　　〕

(3) A〜Dのうち，同じ金属でできている物質は，どれとどれか。記号で答えなさい。

〔　　　　　　　〕

(4) 物質Dと同じ金属54.0cm³の質量は，何gか。

表1
物質	A	B	C	D
体積(cm³)	2.5	8.2	6.0	11.0
質量(g)	22.4	64.5	53.8	29.7

表2
物質名	密度〔g/cm³〕
アルミニウム	2.70
鉄	7.87
銅	8.96

〔　　　　　　　〕

3 気体を発生させるために，次の物質を用意した。これについて，次の問いに答えなさい。

> うすい過酸化水素水　　うすい塩酸　　水酸化カルシウム　　石灰石
> 塩化アンモニウム　　エタノール　　二酸化マンガン　　銅　　亜鉛

(1) 酸素を発生させるために必要な物質を，2つ選びなさい。

〔　　　　　　　〕〔　　　　　　　〕

(2) 酸素の性質として正しいものを，次のア〜エからすべて選びなさい。

　　ア　水に溶けにくいので，水上置換法で集める。
　　イ　空気中で火をつけると激しく燃え，水ができる。
　　ウ　石灰水に通してから振ると，石灰水が白くにごる。
　　エ　無色・無臭で，空気の体積の約21％を占める。

〔　　　　　　　〕

4 表は，硝酸カリウムと塩化ナトリウムが100gの水に溶ける限度量を，水の温度ごとにまとめたものである。これについて，次の問いに答えなさい。

(1) 60℃の水100gに，硝酸カリウムを60.0g加えた水溶液の質量パーセント濃度は，何％か。

〔　　　　　　　　　〕

(2) (1)の水溶液の温度を20℃まで下げたとき，再結晶する硝酸カリウムの質量は，何gか。

〔　　　　　　　　　〕

(3) 80℃の水100gに，塩化ナトリウムを溶けるだけ溶かした。この水溶液の温度を下げていったが，再結晶する塩化ナトリウムはほとんど見られなかった。塩化ナトリウムの結晶をとり出す方法を，簡潔に書きなさい。

〔　　　　　　　　　　　　　　　　　　　　　　　　〕

水の温度(℃)	硝酸カリウム(g)	塩化ナトリウム(g)
0	13.3	35.6
20	31.6	35.8
40	63.9	36.3
60	109.2	37.1
80	168.8	38.0

5 図1のような装置をつくり，水とエタノールの混合物を弱火で加熱した。加熱をはじめてから4分後に発生した蒸気を冷水に入れた試験管に液体として集め，4分ごとに試験管をA，B，Cの順にかえた。また，図2は装置の温度計が示す値を，1分ごとに調べてグラフに表したものである。これについて，次の問いに答えなさい。

(1) 図1で，沸騰石を入れる理由を，簡潔に書きなさい。
〔　　　　　　　　　　　　　　　　　　　　　〕

(2) この実験のように，液体を沸騰させて気体にし，その気体を冷やすことで再び液体として集める方法を，何というか。

〔　　　　　　　　　　〕

(3) たまった液体のうち，エタノールの割合が最も大きいのは，試験管A～Cのどれか。

〔　　　　　　　　　〕

(4) 試験管ごとに集めた液体に含まれるエタノールの割合が異なるのは，水とエタノールの何がちがうためか。

〔　　　　　　　　　〕

図1
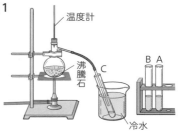

図2
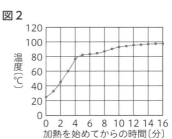
温度(℃)
加熱を始めてからの時間〔分〕

6 図のように，液体のロウをビーカーに入れて液面に印をつけた。このビーカーを冷やしたところ，ロウはすべて固体になった。これについて，次の問いに答えなさい。

(1) 固体の物質が液体になるときの温度を，その物質の何というか。

〔　　　　　　　　　〕

(2) 固体のロウの質量と体積は，液体のロウと比べ，それぞれどうなるか。

質量〔　　　　　　　〕　体積〔　　　　　　　〕

液体のロウや水
印
食塩と氷水
冷やす。

5 化学変化と原子・分子

Check! −基本問題−

解答 ➡ 別冊p.3

　に適する語句や数を書きなさい。

1 分解

(1) 炭酸水素ナトリウムを加熱すると ① 　，
② 　，③ 　に分解する。

(2) もとの物質とは性質の異なる物質ができる変化を
④ 　といい，1種類の物質が2種類以上の物質
に分かれる ④ を ⑤ 　という。

(3) 黒色の酸化銀を加熱すると，白色の ⑥ 　と気体
の ⑦ 　に分解する。

(4) 水に電流を流すと，陽極からは ⑧ 　，陰極から
は ⑨ 　が，体積比 ⑩ 　：⑪ 　で発生する。

(5) 塩化銅水溶液に電流を流すと，陽極からは ⑫ 　が発生し，
陰極には ⑬ 　が付着する。

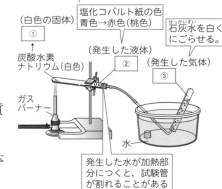

（白色の固体）
①

塩化コバルト紙の色
青色→赤色(桃色)

石灰水を白く
にごらせる。

炭酸水素
ナトリウム(白色)

（発生した液体）
②

（発生した気体）
③

ガス
バーナー

水

発生した水が加熱部
分につくと，試験管
が割れることがある
ので，口を下げる。

🔍 くわしく
水の電気分解
純粋な水は，ほとんど電流が
流れないので，少量の水酸化
ナトリウムを加える。

✓ 復習メモ
原子の性質
・新しくできない。
・なくならない。
・別の種類に変わらない。
・分かれることはない。
・種類によって質量が決まっ
ている。

2 原子・分子と化学反応式

(1) 物質をつくる最小の粒子を ① 　といい，物質を構成する
① の種類を ② 　という。

(2) 元素をアルファベットで表したものが ③ 　で，元素を規
則性によって順に並べたものが元素の ④ 　である。

(3) 物質の性質を表す最小の粒子が ⑤ 　である。

(4) 1種類の元素からできている物質を ⑥ 　，2種類以上の
元素からできている物質を ⑦ 　という。

(5) 化学反応式をつくるときは，反応前(左辺)と反応後(右辺)の原
子の種類と個数を同じにする。
水の電気分解の化学反応式：
⑧ 　$H_2O \rightarrow$ ⑨ 　$H_2 + O_2$

🔍 くわしく
単体と化合物
・単体
酸素，水素，鉄，銅 など
・化合物
水，二酸化炭素，アンモニア，
塩化ナトリウム など

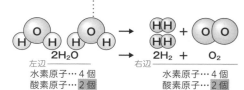

左辺
水素原子…4個
酸素原子…2個

右辺
水素原子…4個
酸素原子…2個

$2H_2O \rightarrow 2H_2 + O_2$

3 いろいろな化学変化

(1) 物質が酸素と結びつく化学変化を ① [_____] といい，できる化合物を ② [_____] という。また，熱や光を出しながら激しく酸化することを ③ [_____] という。

(2) 炭素の酸化物は ④ [_____]，水素の酸化物は ⑤ [_____] である。

(3) 銅を加熱すると酸化物の酸化銅ができる。この化学変化を化学反応式で表すと，$2Cu + O_2 \rightarrow$ ⑥ [_____] となる。

(4) マグネシウムを加熱すると，炎と熱を出しながら燃焼して ⑦ [_____] 色の酸化マグネシウムができる。

(5) 酸化銅と炭素粉末の混合物を加熱すると，⑧ [_____] と二酸化炭素ができる。この化学変化で，酸化銅は酸素を奪われたので ⑨ [_____] されており，炭素は酸素と結びついたので酸化されている。

(6) 熱を発生する化学変化を ⑩ [_____]，熱を吸収する化学変化を ⑪ [_____] という。

4 化学変化と物質の質量

(1) 化学変化の前後で，物質全体の質量が変化しないことを ① [_____] という。

(2) 密閉した容器内で，うすい塩酸と炭酸水素ナトリウムが反応すると ② [_____] が発生するが，容器から出ていかないので，全体の質量は変化しない。

反応前　うすい塩酸　炭酸水素ナトリウム　② [____]
反応させる。
反応後　全体の質量は変化しない。
全体の質量が小さくなる。

(3) 金属と結びつく酸素の質量は，もとの金属の質量に ③ [_____] する。

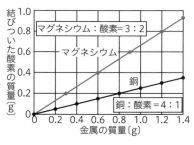

結びつく酸素との質量比は，金属の種類によってちがうよ。

✅ 復習メモ

鉄と硫黄の反応
鉄＋硫黄 ⟶ 硫化鉄
$Fe + S \longrightarrow FeS$

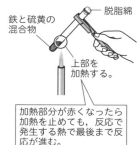

鉄と硫黄の混合物　脱脂綿
上部を加熱する。

加熱部分が赤くなったら加熱を止めても，反応で発生する熱で最後まで反応が進む。

・鉄と硫黄の混合物は，鉄が磁石に引き付けられるが，反応後の硫化鉄は鉄とは異なる物質なので，磁石に引き付けられない。

🔍 くわしく

発熱反応の例
・酸化カルシウム＋水 → [熱]＋水酸化カルシウム
・鉄＋酸素→[熱]＋酸化鉄

吸熱反応
・水酸化バリウム＋塩化アンモニウム＋[熱] → 塩化バリウム＋アンモニア＋水

容器のふたをゆるめると，二酸化炭素が空気中へ出ていく。

🔍 くわしく

金属の酸化と質量比
・銅と酸素の反応
$2Cu + O_2 \rightarrow 2CuO$
[4]：[1]：[5]
・マグネシウムと酸素の反応
$2Mg + O_2 \rightarrow 2MgO$
[3]：[2]：[5]

5
化学変化と原子・分子

Try! −応用問題−

解答 ➡ 別冊p.3

1 図のような装置に，少量の水酸化ナトリウムを溶かした水を満たして電圧を加えたところ，それぞれの電極から気体が発生した。これについて，次の問いに答えなさい。

(1) 陰極に気体が4cm³たまったとき，陽極にたまった気体は何cm³か。

〔　　　　　　〕

(2) 陰極にたまった気体は何か，また，その確認法を簡潔に書きなさい。

気体〔　　　　　〕

確認法〔　　　　　　　　〕

(3) 水に起こった化学変化を，化学反応式で書きなさい。

〔　　　　　　　　　　　〕

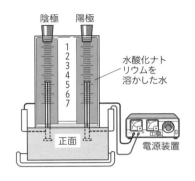

水酸化ナトリウムを溶かした水

正面　　電源装置

2 図のように，試験管Aに入れた酸化銀を加熱したところ，試験管Aに白色の固体が残り，試験管Bに気体がたまった。これについて，次の問いに答えなさい。

(1) 試験管Aに残った固体の名称を答えなさい。

〔　　　　　　〕

(2) 試験管Bにたまった気体の化学式を書きなさい。

〔　　　　　　〕

(3) 酸化銀，(1)の固体，(2)の気体は，それぞれ表の**ア〜エ**のどこにあてはまるか。

酸化銀〔　　　〕 (1)の固体〔　　　〕

(2)の気体〔　　　〕

(4) 酸化銀に起こった化学変化を，化学反応式で書きなさい。

〔　　　　　　　　　　　〕

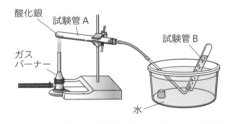

酸化銀　試験管A　　試験管B

ガスバーナー

水

	分子をつくる	分子をつくらない
単体	ア	イ
化合物	ウ	エ

3 鉄粉3.5gと硫黄の粉末2.0gの混合物を試験管A，Bに分け，試験管Bを図のように加熱した。これについて，次の問いに答えなさい。

(1) 試験管Bで，加熱部分が赤くなってから加熱を止めても反応が最後まで進む理由を，簡潔に書きなさい。

〔　　　　　　　　　　　〕

(2) 試験管Aに磁石を近づけると引き付けられたが，反応後の試験管Bに磁石は引き付けられなかった。この理由を簡潔に書きなさい。

〔　　　　　　　　　　　〕

(3) 試験管Aと反応後の試験管Bに，うすい塩酸を加えたときに発生する気体を，それぞれ書きなさい。

試験管A〔　　　　　〕 試験管B〔　　　　　〕

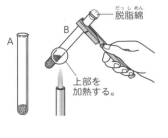

脱脂綿

A　B

上部を加熱する。

4 図のように，酸化銅2.40gと炭素粉末0.18gの混合物を加熱したところ，発生した気体で石灰水が白くにごった。気体の発生がなくなってから加熱を止め，試験管に残った赤色の固体の質量をはかったところ1.92gであった。これについて，次の問いに答えなさい。

(1) 発生した気体の化学式を書きなさい。

[　　　　　　　　　]

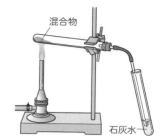

混合物

石灰水

(2) 酸化銅と炭素に起こった化学変化を，それぞれ何というか。

酸化銅[　　　　　　　] 炭素[　　　　　　　]

(3) 発生した気体の質量は，何gか。

[　　　　　　　　　]

5 うすい塩酸25cm³を入れたビーカーと薬包紙にのせた石灰石1.0gを電子てんびんで測ったところ，全体の質量は128.56gであった。次に，石灰石をうすい塩酸に加えたところ気体が発生した。気体の発生が終わってから全体の質量をはかったところ127.90gであった。この後，石灰石を1.0gずつ加えて同様の操作を行った。表は，加えた石灰石の合計の質量と反応前と反応後の全体の質量との関係をまとめたものである。これについて，あとの問いに答えなさい。

石灰石　　うすい塩酸

石灰石の質量〔g〕	1.0	2.0	3.0	4.0	5.0
反応前の全体の質量〔g〕	128.56	129.56	130.56	131.56	132.56
反応後の全体の質量〔g〕	127.90	128.24	128.58	129.25	130.25

(1) 発生した気体は何か。また，その気体であることの確認法を簡潔に書きなさい。

気体[　　　　　　　]

確認法[　　　　　　　　　　　　　　　　　　]

(2) この実験で使ったうすい塩酸25cm³と，過不足なく反応する石灰石の質量は何gか。

[　　　　　　　　　]

(3) うすい塩酸と石灰石を用いて，質量保存の法則を確認するための実験方法を，簡潔に書きなさい。

[　　　　　　　　　　　　　　　　　　　　　　　　　　　　　　　　　　]

6 表は，いろいろな質量のマグネシウムを完全に燃焼させ，燃焼後の物質の質量とともにまとめたものである。これについて，あとの問いに答えなさい。

マグネシウムの質量〔g〕	0.3	0.6	0.9	1.2	1.5
燃焼後の物質の質量〔g〕	0.5	1.0	1.5	2.0	2.5

(1) マグネシウムが燃焼するとき，マグネシウムと結びつく酸素の質量の比を，最も簡単な整数で求めなさい。

[　　　　　　　　　]

(2) マグネシウム2.7gを完全に燃焼させたとき，結びつく酸素の質量は何gか。

[　　　　　　　　　]

(3) マグネシウム2.0gを燃焼させたところ，完全に燃焼せず一部がマグネシウムのまま残ってしまい，全体の質量が3.2gになった。燃焼しないで残っているマグネシウムの質量は何gか。

[　　　　　　　　　]

6 イオン

Check! −基本問題−

解答 ➡ 別冊p.4

☐ に適する語句や数を書きなさい。

1 電流が流れる水溶液

(1) 水に溶けると水溶液に電流が流れる物質を ① ☐ という。これに対して，水に溶けても水溶液に電流が流れない物質を ② ☐ という。

豆電球　電源装置　電極　電流計　水溶液

2 塩化銅の電気分解

(1) 塩化銅水溶液に電流を流すと，① ☐ 極からは ② ☐ 臭のある気体の ③ ☐ が発生する。一方，④ ☐ 極には赤色の ⑤ ☐ が付着する。赤インクで着色した水に，陽極付近の液を加えると，赤インクの色が ⑥ ☐ 。

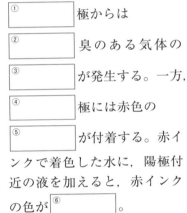
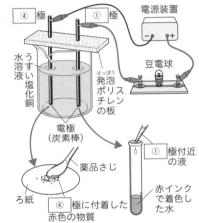

3 塩酸の電気分解

(1) 塩酸の溶質は ① ☐ で，化学式は ② ☐ である。

(2) うすい塩酸に電流を流すと，陽極からは ③ ☐ が発生し，③ は水に ④ ☐ のであまりたまらない。一方，陰極からは ⑤ ☐ が発生し，⑤ は水に ⑥ ☐ ので，ほとんどがたまる。

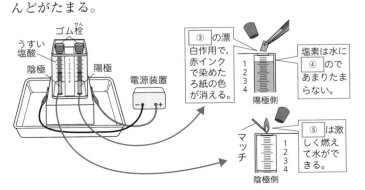

4 原子とイオン

(1) 原子の構造は，中心部に＋の電気をもつ

□① [　　　　　] と電気をもたない □② [　　　　　] か

らなる □③ [　　　　　] がある。その周囲を□①と同

数で－の電気をもつ □④ [　　　　　] が回っている。

このため，電気的には □⑤ [　　　　　] である。

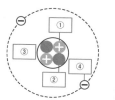

(2) 原子が電子を失う（放出する）と－の電気が減るため，相対的に

□⑥ [　　　　　] の電気を帯びた □⑦ [　　　　　] イオンとなる。

(3) 電子が電子を受けとると－の電気が増えるため，相対的に

□⑧ [　　　　　] の電気を帯びた □⑨ [　　　　　] イオンとなる。

(4) 電解質が水に溶け，陽イオンと陰イオンに分かれることを

□⑩ [　　　　　] という。

5 金属のイオンへのなりやすさ

マグネシウム板　亜鉛板　銅板
変化なし　変化なし　変化なし

硫酸マグネシウム水溶液
（Mg^{2+}を含む水溶液）

硫酸亜鉛水溶液　　A　変化なし　変化なし
（Zn^{2+}を含む水溶液）

硫酸銅水溶液　　B　　C　変化なし
（Cu^{2+}を含む水溶液）

(1) Aでは，マグネシウム原子が □① [　　　　　] となって溶け

出し，黒色の亜鉛が付着したことから，□② [　　　　　] が亜鉛

原子となっている。マグネシウムと亜鉛では，原子からイオンに

なった □③ [　　　　　] の方がイオンになりやすいことがわかる。

(2) Bでは，Aと同様に□①が溶け出し，赤色の銅が付着したことか

ら，□④ [　　　　　] が銅原子となっている。マグネシウムと銅では

原子からイオンになった □⑤ [　　　　　] の方がイオンになりや

すいことがわかる。

(3) Cでは，亜鉛原子が □⑥ [　　　　　] となって溶け出し，Bと同様に

赤色の銅が付着した。亜鉛と銅では □⑦ [　　　　　] の方がイオンに

なりやすいことがわかる。

(4) マグネシウム，亜鉛，銅をイオンになりやすい順に並べると，

□⑧ [　　　　　] ＞ □⑨ [　　　　　] ＞ □⑩ [　　　　　] となる。

> 原子から電子が出ると－が減って陽イオンになり，
> 電子が入ると－が増えて陰イオンになるよ。

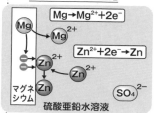
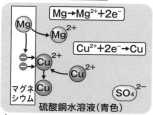
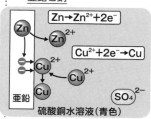

🔍 くわしく

電解質の電離

・塩化ナトリウム（NaCl）
$NaCl \rightarrow Na^+ + Cl^-$
ナトリウムイオン　塩化物イオン

・塩化水素（HCl）
$HCl \rightarrow H^+ + Cl^-$
水素イオン

・水酸化ナトリウム（NaOH）
$NaOH \rightarrow Na^+ + OH^-$
水酸化物イオン

🔍 くわしく

イオンへのなりやすさ

・マグネシウムと亜鉛

$Mg \rightarrow Mg^{2+} + 2e^-$
$Zn^{2+} + 2e^- \rightarrow Zn$

マグネシウム
硫酸亜鉛水溶液

Mg（原子）→Mg^{2+}（イオン）
Zn^{2+}（イオン）→Zn（原子）
イオンへのなりやすさ　Mg ＞ Zn

・マグネシウムと銅

$Mg \rightarrow Mg^{2+} + 2e^-$
$Cu^{2+} + 2e^- \rightarrow Cu$

マグネシウム
硫酸銅水溶液（青色）

Mg（原子）→Mg^{2+}（イオン）
Cu^{2+}（イオン）→Cu（原子）
イオンへのなりやすさ　Mg ＞ Cu

・亜鉛と銅

$Zn \rightarrow Zn^{2+} + 2e^-$
$Cu^{2+} + 2e^- \rightarrow Cu$

亜鉛
硫酸銅水溶液（青色）

Zn（原子）→Zn^{2+}（イオン）
Cu^{2+}（イオン）→Cu（原子）
イオンへのなりやすさ　Zn ＞ Cu

1 図のように，塩化銅水溶液に炭素電極**A**，**B**を入れて電流を流したところ，一方の電極からは気体が発生し，他方の電極には固体が付着した。これについて，次の問いに答えなさい。

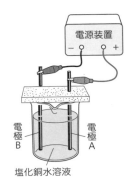

電極B　電極A
塩化銅水溶液

(1) 塩化銅のように，水に溶けると水溶液に電流が流れるような物質を何というか。
〔　　　　　　　　　　　〕

(2) 気体が発生した電極，固体が付着した電極は，それぞれ電極**A**，**B**のどちらか。記号で答えなさい。
　　　　　気体が発生した電極〔　　　　　〕　固体が付着した電極〔　　　　　〕

(3) 発生した気体の説明として正しいものを，次の**ア**〜**エ**から1つ選び，記号で答えなさい。
　　ア　無色で刺激臭があり，赤インクの色を消す。
　　イ　無色で刺激臭があり，火を近づけると激しく燃える。
　　ウ　黄緑色で刺激臭があり，赤インクの色を消す。
　　エ　黄緑色で刺激臭があり，火を近づけると激しく燃える。
　　　　　　　　　　　　　　　　　　　　　　　　　　　　　　　　〔　　　　　〕

(4) 付着した固体を硬いものでこすったときのようすを，簡潔に書きなさい。
　〔　　　　　　　　　　　　　　　　　　　　　　　　　　　　　　　　　　　〕

(5) 塩化銅に起こった化学変化を，化学反応式で書きなさい。
　〔　　　　　　　　　　　　　　　　　　　　　　　　　　　　　　　　　　　〕

2 図のような装置にうすい塩酸を満たして電流を流したところ，電極**C**，**D**の両方から気体が発生し始めた。しばらくすると，電極**C**には発生した気体のほぼすべてがたまったが，電極**D**にたまった気体はわずかであった。これについて，次の問いに答えなさい。

(1) 陽極は，電極**C**，**D**のどちらか。記号で答えなさい。
　　　　　　　　　　　　　　　　　　　　〔　　　　　　〕

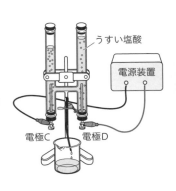

うすい塩酸

電源装置

電極C　電極D

(2) 電極**C**，**D**から発生した気体の名前を，それぞれ書きなさい。
　　　　　　電極**C**〔　　　　　　　〕　電極**D**〔　　　　　　　〕

(3) 電極**C**，**D**から発生した気体の性質として正しいものを，次の**ア**〜**エ**から1つずつ選び，記号で答えなさい。
　　ア　水にほとんど溶けず，プールの消毒に使われる。
　　イ　水にほとんど溶けず，火を近づけると激しく燃える。
　　ウ　水によく溶け，プールの消毒に使われる。
　　エ　水によく溶け，火を近づけると激しく燃える。
　　　　　　　　　　　　　　　　電極**C**〔　　　　　　〕　電極**D**〔　　　　　　〕

(4) うすい塩酸に起こった化学変化を，化学反応式で書きなさい。
　〔　　　　　　　　　　　　　　　　　　　　　　　　　　　　　　　　　　　〕

(5) 塩化水素が電離するようすを，化学式を使って書きなさい。
　〔　　　　　　　　　　　　　　　　　　　　　　　　　　　　　　　　　　　〕

3 図は，ヘリウム原子の構造を模式的に表したものである。これについて，次の問いに答えなさい。

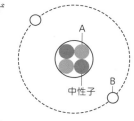

中性子

(1) 図の**A**，**B**ついての記述として正しいものを，次の**ア〜エ**から1つずつ選び，記号で答えなさい。
   ア ＋の電気をもつ陽子である。
   イ ＋の電気をもつ電子である。
   ウ −の電気をもつ陽子である。
   エ −の電気をもつ電子である。

A〔   〕 B〔   〕

(2) ナトリウム原子には，図の**A**，**B**が11個ずつある。ナトリウムイオンに図の**A**，**B**は，それぞれ何個あるか。

A〔   〕 B〔   〕

(3) 塩化物イオンには，図の**B**が18個ある。図の**A**は何個あるか。

〔   〕

(4) 亜鉛イオンはZn^{2+}と表す。このことから，亜鉛原子が亜鉛イオンになるときの変化を，「図の**A**」または「図の**B**」という語を使い，「亜鉛原子が」から書き始めて簡潔に書きなさい。
〔   〕

4 図のように，マイクロプレートにマグネシウム板，亜鉛板，銅板を3枚ずつ並べ，それぞれの板に硫酸マグネシウム水溶液，硫酸亜鉛水溶液，硫酸銅水溶液を加えてようすを観察した。表は，結果をまとめようとしたものである。これについて，あとの問いに答えなさい。

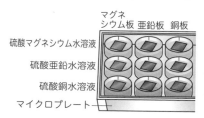

マグネシウム板 亜鉛板 銅板
硫酸マグネシウム水溶液
硫酸亜鉛水溶液
硫酸銅水溶液
マイクロプレート

	マグネシウム板	亜鉛板	銅板
硫酸マグネシウム水溶液	変化なし。	変化なし。	変化なし。
硫酸亜鉛水溶液	①	変化なし。	変化なし。
硫酸銅水溶液	②	③	変化なし。

(1) 図の①〜③にあてはまる内容として最も適当なものを，次の**ア〜エ**から1つずつ選び，記号で答えなさい。ただし，同じ記号を何度選んでもよいものとする。
   ア 金属板がうすくなり，黒(灰)色の固体が付着した。
   イ 金属板がうすくなり，赤色の固体が付着した。
   ウ 金属板はそのままで，黒(灰)色の固体が付着した。
   エ 金属板はそのままで，赤色の固体が付着した。

①〔   〕 ②〔   〕 ③〔   〕

(2) ①のとき，水溶液中で，増加したイオンと減少したイオンを，それぞれ化学式で書きなさい。

増加したイオン〔   〕 減少したイオン〔   〕

(3) (2)から，マグネシウムと亜鉛のうち，イオンになりやすいものはどちらか。

〔   〕

(4) マグネシウム，亜鉛，銅を，イオンになりにくい順に，左から書きなさい。

〔   〕→〔   〕→〔   〕

7 電池と酸・アルカリ

Check! －基本問題－

解答 ➡ 別冊p.5

□ に適する語句や数を書きなさい。

1 電池とイオン

(1) 化学エネルギーを電気エネルギーに変換してとり出す装置を ① □ という。

(2) 右図のような装置を ② □ 電池といい，亜鉛と銅では ③ □ の方がイオンになりやすいため，亜鉛板と銅板では次のような変化が起こっている。

亜鉛板：$Zn \rightarrow$ ④ □ $+2e^-$　　銅　板：⑤ □ $+2e^- \rightarrow Cu$

(3) 電子が ⑥ □ から ⑦ □ へ向かって移動するため，⑥ は ⑧ □ 極，⑦ は ⑨ □ 極となる電池ができる。

(4) 充電することで繰り返し使える電池を ⑩ □ といい，これに対して充電できない電池を ⑪ □ という。

(5) 水素が酸化されて水ができるときの化学変化から電気エネルギーをとり出す装置を ⑫ □ という。

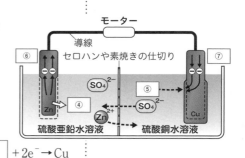

モーター

導線
⑥　セロハンや素焼きの仕切り　⑦
$SO_4{}^{2-}$
⑤
$SO_4{}^{2-}$
④
Zn　　Zn^{2+}　　Cu
硫酸亜鉛水溶液　　硫酸銅水溶液

2 酸・アルカリ

(1) 酸の水溶液

・青色のリトマス紙につけると，① □ 色になる。

・緑色のBTB溶液を入れると，② □ 色になる。

・pH試験紙につけると，黄色～③ □ 色になる。

・マグネシウムなどを入れると，④ □ が発生する。

(2) アルカリの水溶液

・赤色のリトマス紙につけると，⑤ □ 色になる。

・緑色のBTB溶液を入れると，⑥ □ 色になる。

・pH試験紙につけると，⑦ □ 色になる。

・フェノールフタレイン溶液を入れると，⑧ □ 色になる。

(3) 水溶液が酸性を示す物質を ⑨ □ ，アルカリ性を示す物質を ⑩ □ という。

🔍 くわしく

燃料電池は，水の電気分解と逆の化学変化を利用している。

燃料電池

電気エネルギー

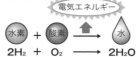

水素 + 酸素 → 水
$2H_2$ + O_2 → $2H_2O$

🔍 くわしく

二次電池には，リチウムイオン電池や，鉛蓄電池，ニッケル水素電池がある。

✓ 復習メモ

・リトマス紙
　酸性…青色→赤色
　中性…変化しない
　アルカリ性…赤色→青色
・BTB溶液
　酸性…黄色
　中性…緑色
　アルカリ性…青色
・pH試験紙
　酸性…黄色～赤色
　中性…緑色
　アルカリ性…青色
・フェノールフタレイン溶液
　酸性…無色
　中性…無色
　アルカリ性…赤色

3 酸性・アルカリ性とイオン

(1) 酸の水溶液には〔①　　　〕イオンが含まれている。

(2) アルカリの水溶液には〔②　　　〕イオンが含まれている。

(3) pH試験紙にうすい塩酸をつけて電圧を加えると，①イオンが〔③　　　〕極側へ移動するため，赤色に変化していく。

うすい塩酸
③ ← H⁺
③極　　④極

(4) pH試験紙に水酸化ナトリウム水溶液をつけて電圧を加えると，②イオンが〔④　　　〕極側へ移動するため，青色に変化していく。

水酸化ナトリウム水溶液
OH⁻ → ④
③極　　④極

4 中和と塩

(1) 酸の水溶液とアルカリの水溶液を混ぜ合わせたとき，酸に含まれる〔①　　　〕とアルカリに含まれる〔②　　　〕から中性の水が生じる。このように，互いの性質を打ち消し合う反応を〔③　　　〕という。

(2) 中和で，酸の陰イオンとアルカリの陽イオンが結びついてできる物質を〔④　　　〕という。

(3) 酸として塩化水素，アルカリとして水酸化ナトリウムを用いた中和では，塩として〔⑤　　　〕ができる。⑤の化学式は〔⑥　　　〕である。

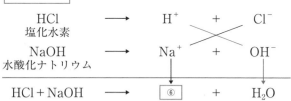
$HCl \longrightarrow H^+ + Cl^-$
塩化水素
$NaOH \longrightarrow Na^+ + OH^-$
水酸化ナトリウム
$HCl + NaOH \longrightarrow$ ⑥ $+ H_2O$

(4) 酸として硫酸，アルカリとして水酸化バリウムを使うと，〔⑦　　　〕という塩ができる。

(5) 酸として硝酸，アルカリとして水酸化カリウムを使うと，〔⑧　　　〕という塩ができる。

中和でできる塩には，塩化ナトリウムや硝酸カリウムのような水に溶けるものと，硫酸バリウムのように水に溶けず，沈殿ができるものがあるよ。

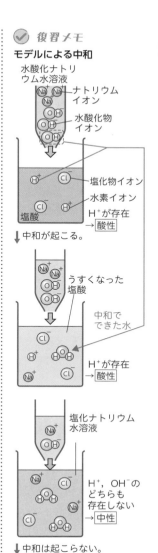

モデルによる中和

水酸化ナトリウム水溶液
ナトリウムイオン
Na⁺
水酸化物イオン
OH⁻

塩化物イオン
水素イオン
H⁺が存在
→酸性
塩酸

↓中和が起こる。

うすくなった塩酸
中和でできた水
H⁺が存在
→酸性

塩化ナトリウム水溶液
H⁺，OH⁻のどちらも存在しない
中性

↓中和は起こらない。

水酸化ナトリウム水溶液
OH⁻が存在
→アルカリ性

Try! −応用問題−

解答 ➡ 別冊p.5

1 図は，亜鉛板，銅板，硫酸亜鉛水溶液，硫酸銅水溶液を使った電池を模式的に表したものである。これについて，次の問いに答えなさい。

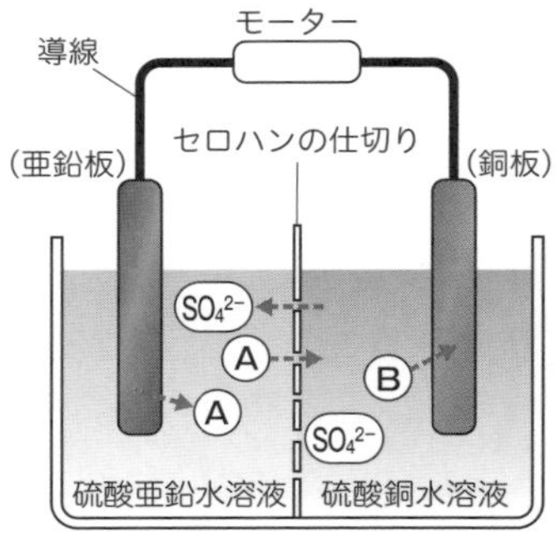

(1) 図のような電池を何というか。

[　　　　　　　　　]

(2) 図の**A**，**B**にあてはまるイオンの化学式を，それぞれ書きなさい。

A[　　　　　] B[　　　　　]

(3) 図の**A**のイオンのでき方を，次の**ア**〜**エ**から1つ選び，記号で答えなさい。

ア 原子が電子を1個失う。
イ 原子が電子を2個失う。
ウ 原子が電子を1個受けとる。
エ 原子が電子を2個受けとる。

[　　　　　]

(4) 亜鉛板と銅板の変化のようすを，次の**ア**〜**エ**から1つずつ選び，記号で答えなさい。

ア 金属板の表面がぼろぼろになる。
イ 金属板の表面からさかんに気体が発生する。
ウ 金属板の表面に新しい金属が付着する。
エ 金属板に変化は見られない。

亜鉛板[　　　　　] 銅板[　　　　　]

(5) 電極と電子の流れとして正しいものを，次の**ア**〜**エ**から1つ選び，記号で答えなさい。

ア 亜鉛板が陽極で，電子は亜鉛板→銅板の向きに流れる。
イ 亜鉛板が陽極で，電子は銅板→亜鉛板の向きに流れる。
ウ 銅板が陽極で，電子は亜鉛板→銅板の向きに流れる。
エ 銅板が陽極で，電子は銅板→亜鉛板の向きに流れる。

[　　　　　]

(6) 次の文は，セロハンの仕切りを使う理由について述べたものである。文中の（　①　）〜（　④　）にあてはまる語句を，あとの**ア**〜**ク**から1つずつ選び，記号で答えなさい。

　　電流を流し続けると，（　①　）極側の水溶液中では亜鉛イオンが増え，（　②　）極側の水溶液中では（　③　）イオンが減っていき，電気的なかたよりができて電子が移動しにくくなる。このため，亜鉛イオンを（　①　）極側の水溶液中から（　②　）極側の水溶液中へ，硫酸イオンを（　②　）極側の水溶液中から（　①　）極側の水溶液中へ（　④　）移動させるために使われている。

ア ＋ **イ** － **ウ** 銅 **エ** 亜鉛
オ 水素 **カ** 硫酸 **キ** 急激に **ク** ゆっくりと

①[　　　　] ②[　　　　] ③[　　　　] ④[　　　　]

2 図のように，硝酸カリウム水溶液をしみ込ませたろ紙の上に青色と赤色のリトマス紙を置いた。次に，水酸化ナトリウム水溶液をしみ込ませた糸を置き，電源装置のスイッチを入れた。これについて，次の問いに答えなさい。

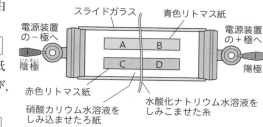

スライドガラス　青色リトマス紙
電源装置の－極へ　陰極
電源装置の＋極へ　陽極
赤色リトマス紙
硝酸カリウム水溶液をしみ込ませたろ紙
水酸化ナトリウム水溶液をしみこませた糸

(1) ろ紙に硝酸カリウム水溶液をしみ込ませた理由を，簡潔に書きなさい。

〔　　　　　　　　　　　　　　　　　〕

(2) 電源装置のスイッチを入れたとき，リトマス紙の色が変わる部分を，図の**A**〜**D**から1つ選び，記号で答えなさい。

〔　　　　　〕

(3) (2)のリトマス紙の色を変えたのは，何イオンか。名称とイオンの化学式をそれぞれ書きなさい。

名称〔　　　　　　　　〕　化学式〔　　　　　　　〕

3 図のように，BTB溶液を2〜3滴加えたうすい塩酸10cm³に，うすい水酸化ナトリウム水溶液を2cm³ずつ加えていった。表は，加えたうすい水酸化ナトリウム水溶液の体積と，ビーカー内の液の色をまとめたものである。これについて，あとの問いに答えなさい。

ガラス棒　こまごめピペット
BTB溶液を2〜3滴加えたうすい塩酸10cm³
うすい水酸化ナトリウム水溶液

水酸化ナトリウム水溶液の体積(cm³)	0	2	4	6	8	10
ビーカー内の液の色	黄	黄	黄	緑	青	青

(1) うすい塩酸の溶質の塩化水素が電離するようすを，イオンの化学式で表しなさい。

〔　　　　　　　　　　　　　　　　　　　　　　　　　　　〕

(2) うすい塩酸10cm³中に含まれる水素イオンが1000個あるとする。

① うすい水酸化ナトリウム水溶液を3cm³加えたとき，ビーカー内の液中に含まれる水素イオンは何個になっているか。

〔　　　　　　　〕

② ①のとき，中和による水分子は何個できたか。

〔　　　　　　　〕

③ ビーカー内の液が緑色になったとき，ビーカー内の液に含まれる水素イオンは何個になっているか。

〔　　　　　　　〕

(3) この反応で生じる塩の化学式を書きなさい。

〔　　　　　　　〕

(4) 同じ塩酸20cm³に，同じ水酸化ナトリウム水溶液を10cm³加えた。この混合した液を中性にするには，同じ塩酸，同じ水酸化ナトリウム水溶液のうち，どちらを何cm³加えればよいか。

〔　　　　　　　〕を〔　　　　　　　〕cm³加える。

8 身のまわりの現象

Check! −基本問題−

解答 ➡ 別冊p.5

□に適する語句や数を書きなさい。

1 光の反射・屈折

(1) 物体の表面で光がはね返ることを，
光の① □ という。

(2) 面に垂直な直線と入射光との間の角
を② □ という。

(3) 面に垂直な直線と反射光との間の角
を③ □ という。

(4) 入射角＝反射角となることを光の④ □ の法則という。

(5) 異なる物質の境界面で光が折れ曲がって進むことを，光の
⑤ □ という。

(6) 境界面に垂直な線と屈折光の間の角を⑥ □ という。

復習メモ
入射角と反射角の関係

2 凸レンズのはたらき

(1) 凸レンズを通して見えるものやスクリーンなどに映ったものを
① □ という。

(2) 光軸に平行な光を凸レンズに当てたとき，光が1点に集まる点
を② □ という。

(3) 凸レンズの中心から焦点までの距離を③ □ という。

(4) 凸レンズのふくらみが大きいほど，焦点距離は④ □ 。

(5) 光軸に平行に凸レンズに入った光は，屈折して⑤ □ を通る。

(6) 凸レンズの中心を通る光は⑥ □ する。

(7) 焦点を通って凸レンズに入った光は，屈折して光軸に
⑦ □ に進む。

(8) 光が実際に集まってできる像を⑧ □ という。

(9) 実像の向きは，もとの物体と上下左右が⑨ □ になる。

(10) 物体が焦点距離の2倍より遠い位置にあるとき，実像の大きさ
はもとの物体より⑩ □ なる。

(11) 物体が焦点距離の2倍の位置にあるとき，実像の大きさはもと
の物体と⑪ □ になる。

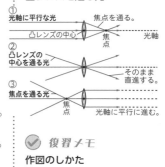

復習メモ
凸レンズを通る光

復習メモ
作図のしかた

(12) 物体が焦点距離の2倍と焦点の間にあるとき，実像の大きさは
もとの物体より ⑫[　　　]なる。

(13) 物体が焦点にあるときは，像は ⑬[　　　]。

(14) 物体が焦点の内側にあるとき，物体の反対側から凸レンズをの
ぞくと見える像を ⑭[　　　]という。

(15) 虚像の向きは，もとの物体と上下左右が ⑮[　　　]になる。

(16) 虚像の大きさは，もとの物体より ⑯[　　　]なる。

✅ 復習メモ
虚像の作図のしかた

[交点]　[逆方向に延長する。]
[焦点][光軸]
[虚像]　[焦点][物体]

3 音の性質

(1) 音源の振動の振れ幅を ①[　　　]という。

(2) 振幅が大きいほど，音が ②[　　　]なる。

(3) 音源が一定時間(1秒間)に振動する回数を ③[　　　](周波数)という。

(4) 振動数の単位には ④[　　　](ヘルツ)を使う。

(5) 弦を長くすると，振動数が ⑤[　　　]なる。

(6) 振動数が多いほど，音は ⑥[　　　]なる。

✅ 復習メモ
音の速さ〔m/s〕 = 音が伝わった距離〔m〕 / かかった時間〔s〕

[強くはじいたとき]
[弦][振幅]
[振幅大]
[大きい音]

[弱くはじいたとき]
[振幅]
[振幅小]
[小さい音]

[弦が短いとき]
[振動数多]
[高い音]

[弦が長いとき]
[振動数少]
[低い音]

4 力のはたらき

(1) ばねを伸ばしたときのように，変形した物体がもとにも
どろうとするときに生じる力を ①[　　　]という。

(2) 物体を机の上に置くと，机が物体を支える。このように，
面に接している物体に，面から垂直にはたらく力を
②[　　　]という。

(3) 物体が接している面の間で，物体の動きを妨げるようにはたら
く力を ③[　　　](摩擦の力)という。

(4) 地球がその中心に向かって物体を引く力を ④[　　　]という。

(5) 場所が変わっても変化しない，物質そのものの量を ⑤[　　　]という。

(6) ばねの伸びはばねを引く力の大きさに ⑥[　　　]する。この関
係を ⑦[　　　]の法則という。

(7) 力がはたらく点を ⑧[　　　]という。

(8) 1つの物体に2つ以上の力がはたらいてい
て，その物体が動かないとき，物体にはた
らく力は ⑨[　　　]という。

[②]　[←押す。]
[①]
[引く。]
[④][③]

✅ 復習メモ
力を表す矢印

[作用点]　[力の向き]
[力の大きさ]

物体に力がはたらく
場合を整理しよう。

🔍 くわしく
力のつり合い

[力の大きさが等しい。]
[同一直線上にある。]
[力の向きが反対。]

解答 ⇒ 別冊p.5

Try! -応用問題-

1 右の図は点Aに置かれた電球から出た光が鏡に反射して点Bへ進んだようすを表そうとしたものである。次の問いに答えなさい。

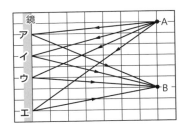

(1) 光の進み方の説明として，正しいものを次の**ア〜ウ**から1つ選びなさい。

ア 入射角より反射角のほうが大きい。

イ 入射角より反射角のほうが小さい。

ウ 入射角と反射角の大きさは等しい。

〔　　　　　〕

(2) 点Aから点Bへと進む光の道すじとして，正しいものを図の**ア〜エ**から選びなさい。

〔　　　　　〕

2 右の図のように，電球，矢印の形の穴をあけた板，焦点距離20cmの凸レンズ，スクリーンが一直線になるように置いた。板とスクリーンの位置をかえ，スクリーンにはっきりとした像が映る位置を調べ，凸レンズと板の間の距離Aと，凸レンズとスクリーンの間の距離Bを測定した。次の問いに答えなさい。

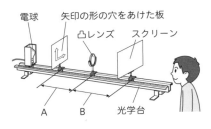

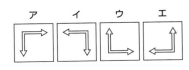

(1) スクリーンに映った像を図の人物がいる場所からのぞいたときに見える形として正しいものを，右の**ア〜エ**より選びなさい。

〔　　　　　〕

(2) Aが40cmのとき，スクリーンにはっきりと像を映すには，Bを何cmにすればよいか，答えなさい。

〔　　　　　〕

(3) 距離Aを大きくしていくと，距離Bはどうなっていくか，答えなさい。

〔　　　　　〕

(4) (3)のとき像の大きさはどうなっていくか，答えなさい。

〔　　　　　〕

3 モノコードを使った実験に関する，あとの問いに答えなさい。

実験① 弦をはじいて音を確認した後，太さの異なる弦にはりかえたら，音が高くなった。

実験② モノコードにことじを置き，弦の長さを変えてはじき，音の高さを調べた。

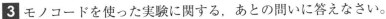

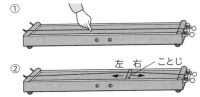

(1) 実験①について，どのような太さの弦にはりかえたのか答えなさい。

〔　　　　　〕

(2) 実験②で，ことじをある方向に動かすと，音が高くなった。ことじを動かした方向を右，左のいずれかで答えなさい。ただし，弦をはじくのはつねにことじの右側とする。

〔　　　　　　　　　〕

4 図のように，校庭に立ち，252m離れた校舎に向かってさけんだところ，1.50秒後にはね返ってきた声が聞こえた。次の問いに答えなさい。

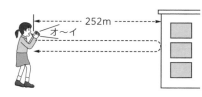

(1) このとき音が伝わった距離は何mか，求めなさい。

〔　　　　　　　　　〕

(2) このときの音の速さは何m/sか，求めなさい。

〔　　　　　　　　　〕

5 図1のように，ばねにいろいろな質量のおもりをつり下げ，ばねののびをはかったところ，図2のようになった。このばねののびが25cmになったとき，ばねにはたらく力の大きさは何Nか。ただし，100gの物体にはたらく重力の大きさを1Nとし，ばねの重さは考えないものとする。

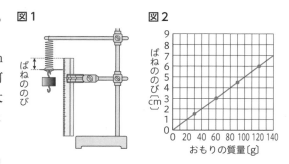

〔　　　　　　　　　〕

6 物体にはたらく力と，力のはたらき方について，次の問いに答えなさい。

(1) 図1のように，水平面上で物体を押すと，物体と水平面の間に，物体の動く向きと反対向きに力がはたらいた。この力を何というか。

〔　　　　　　　　　〕

(2) 図2のように，ばねを手で引くと，ばねはもとにもどろうとして手に力を加えた。この力を何というか。

〔　　　　　　　　　〕

(3) 図3のように，物体を机の上に置くと，机が物体を支える力が生じる。この力を何というか。

〔　　　　　　　　　〕

(4) 図4と図5の2つの力の合力の向きと大きさを，それぞれ答えなさい。

図4向き〔　　　　　〕大きさ〔　　　　　〕
図5向き〔　　　　　〕大きさ〔　　　　　〕

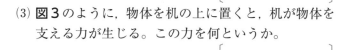

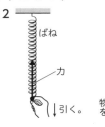

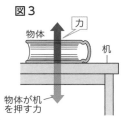

9 電流とその利用

Check! −基本問題−

解答 ➡ 別冊p.6

□ に適する語句や数を書きなさい。

1 回路と電流・電圧

(1) 電流が流れる道すじを ① □ という。

(2) 電流の流れる道すじが１本で分かれ道がない回路を ② □ という。

(3) 電流の流れる道すじが途中で枝分かれする回路を ③ □ という。

(4) 回路に電流を流そうとするはたらきの大きさを ④ □ という。

(5) 直列回路の電流の大きさは，回路のどの点でも ⑤ □ である。

(6) 並列回路では，途中で枝分かれした部分の電流の大きさの ⑥ □ は，分かれる前の電流の大きさや合流した後の電流の大きさに等しい。

(7) 直列回路の回路全体の電圧の大きさは，各豆電球に加わる電圧の大きさの ⑦ □ になる。

(8) すべての豆電球が並列つなぎになっている並列回路の回路全体の電圧の大きさは，各豆電球に加わる電圧の大きさと ⑧ □ 。

2 オームの法則

(1) 電熱線や抵抗器に流れる電流の大きさは，電圧の大きさに ① □ する。

(2) 電流の大きさが電圧の大きさに比例することを ② □ の法則という。

$$抵抗〔Ω〕= \frac{電圧〔V〕}{電流〔A〕} \qquad R = \frac{V}{I}$$
$$電圧〔V〕= 抵抗〔Ω〕×電流〔A〕 \qquad V = R×I$$
$$電流〔A〕= \frac{電圧〔V〕}{抵抗〔Ω〕} \qquad I = \frac{V}{R}$$

公式を覚えておこう！

(3) ガラスやゴムなどのように，抵抗が非常に大きく，電流がほとんど流れない物質を ③ □ （絶縁体）という。

(4) 直列回路の全体の抵抗は，各抵抗の ④ □ になる。

(5) 並列回路の全体の抵抗は，各抵抗より ⑤ □ なる。

くわしく

直列回路・並列回路と電流
・直列回路
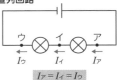
$$I_ア = I_イ = I_ウ$$

・並列回路
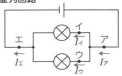
$$I_ア = I_イ + I_ウ = I_エ$$

直列回路・並列回路と電圧
・直列回路
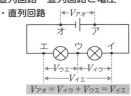
$$V_{アオ} = V_{イウ} + V_{ウエ} = V_{イエ}$$

・並列回路
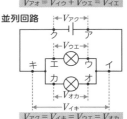
$$V_{アク} = V_{イキ} = V_{ウエ} = V_{オカ}$$

直列回路・並列回路の全体の抵抗
・直列回路
・並列回路
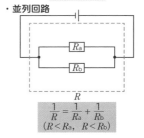
$$R = R_a + R_b$$
$$\frac{1}{R} = \frac{1}{R_a} + \frac{1}{R_b}$$
$$(R < R_a, \ R < R_b)$$

3 電気エネルギー

(1) 電気がもつ，光や熱，音を発生させるなどのはたらきをする能力を ① [　　　　　] という。

(2) 1秒間当たりに消費する電気エネルギーの大きさを ② [　　　　　] という。

(3) 電流による発熱量を調べる実験で，水の質量が一定のとき，水の上昇温度は水が得た熱量に ③ [　　　　] する。

(4) 消費した電気エネルギーの量を ④ [　　　　] という。

4 電流の正体

(1) 異なる種類の物質どうしを摩擦したとき，物質にたまった電気を ① [　　　　] （摩擦電気）という。

(2) 電子を受け取った物質は ② [　　　　] の電気を帯びる。

(3) 電子を失った物質は ③ [　　　　] の電気を帯びる。

(4) 気圧の低い気体の中を電流が流れる現象を ④ [　　　　] という。

(5) クルックス管の－極から出て，蛍光板を光らせる線を ⑤ [　　　　] （電子線）という。

(6) 陰極線の正体は ⑥ [　　　　] という非常に小さな粒子の流れである。

5 電流と磁界

(1) 磁石が鉄を引きつけたりする力を ① [　　　　] という。

(2) まっすぐな導線に電流が流れるとき，電流の向きをねじの進む向きとすると，ねじを回す向きが ② [　　　　] の向きになる。

(3) まっすぐな導線に電流が流れるとき，導線を中心とした ③ [　　　　] 状の磁界ができる。

(4) コイルの中の磁界が変化したとき，電圧が生じて電流が流れる現象を ④ [　　　　] という。

(5) 電磁誘導によって流れる電流を ⑤ [　　　　] という。

(6) 磁界の向き（磁石の極）を逆にすると，⑤ の流れる向きは ⑥ [　　　　] になる。

(7) 磁石（またはコイル）を動かす向きを逆にすると，⑤ の流れる向きは ⑦ [　　　　] になる。

(8) 乾電池による電流のように，一定の向きに流れる電流を ⑧ [　　　　] という。

(9) 家庭のコンセントから取り出す電流のように，向きが周期的に変化している電流を ⑨ [　　　　] という。

✅ 復習メモ

電力・熱量・電力量の求め方

電力〔W〕＝電圧〔V〕×電流〔A〕

熱量〔J〕＝電力〔W〕×時間〔s〕

電力量〔J〕＝電力〔W〕×時間〔s〕

✅ 復習メモ

陰極線（電子線）のようす

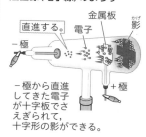

－極から直進してきた電子が十字板でさえぎられて，十字形の影ができる。

✅ 復習メモ

陰極線（電子線）の曲がる方向

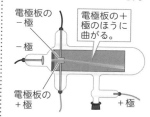

電極板の＋極のほうに曲がる。

✅ 復習メモ

電流がつくる磁界

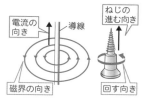

✅ 復習メモ

電流が磁界から受ける力

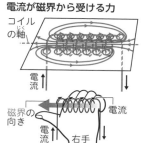

9 電流とその利用

1 図のような回路をつくり，各部分の電流，電圧の大きさを測定した。次の問いに答えなさい。

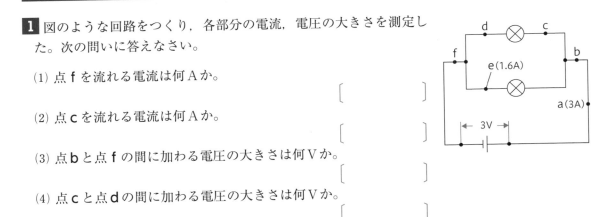

(1) 点 f を流れる電流は何Aか。

〔　　　　　　　〕

(2) 点 c を流れる電流は何Aか。

〔　　　　　　　〕

(3) 点 b と点 f の間に加わる電圧の大きさは何Vか。

〔　　　　　　　〕

(4) 点 c と点 d の間に加わる電圧の大きさは何Vか。

〔　　　　　　　〕

2 右のグラフは，電熱線 a，b について，加える電圧と流れる電流の関係を調べたときのものである。次の問いに答えなさい。

(1) 電熱線 a，b の抵抗は，それぞれ何Ωか。

a〔　　　　　　〕　b〔　　　　　　〕

(2) 電熱線 a，b を直列につないで回路をつくった。このとき，電源の電圧3Vとすると，回路全体を流れる電流は何Aか。

〔　　　　　　　〕

(3) 電熱線 a，b を並列につないで回路をつくった。このとき，電源の電圧を5Vとすると，回路全体を流れる電流は何Aか。

〔　　　　　　　〕

(4) (3)のとき，回路全体の抵抗は何Ωか。小数第一位までの数値で答えなさい。

〔　　　　　　　〕

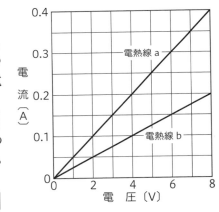

3 電力表示が200Wのテレビと，1000Wのハロゲンヒーターをそれぞれ100Vの電源につないで使用した。次の問いに答えなさい。

(1) テレビを電源につないだとき，何Aの電流が流れるか。

〔　　　　　　　〕

(2) テレビに1分間電流を流したときの消費電力量は何Jか。

〔　　　　　　　〕

(3) ハロゲンヒーターを1時間使用したときの消費電力量は何Whか。

〔　　　　　　　〕

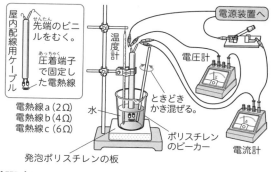

4 図のように水100gを入れたポリスチレンのビーカーに3種類の電熱線**a**，**b**，**c**を入れ，8Vの電圧を5分間加えた。次の問いに答えなさい。ただし，電熱線**a**，**b**，**c**の抵抗はそれぞれ2Ω，4Ω，6Ωとする。

(1) 電熱線**a**，**b**，**c**のうち，もっとも発熱量が大きいのはどれか。記号で答えなさい。

[　　　　　]

(2) 電熱線**b**に8Vの電圧を加えたときの電力は何Wか。

[　　　　　]

(3) 電熱線**b**に8Vの電圧を1分間加えたときの発熱量は何Jか。

[　　　　　]

(4) (3)を単位calで表すと，何calか。

[　　　　　]

電熱線a（2Ω）
電熱線b（4Ω）
電熱線c（6Ω）

5 真空放電管(クルックス管)に電圧を加えると，光の線が見えた。さらに図の電極**AB**の間に別の電圧を加えた。次の問いに答えなさい。

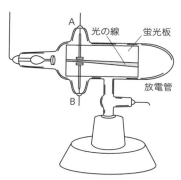

(1) このような現象を何というか。

[　　　　　]

(2) **AB**間に電圧を加えると，光の線は図のように曲がった。このとき，電源装置の＋極につながっているのは，**A**，**B**のうちのどちらか。記号で答えなさい。

[　　　　　]

(3) 光の線は，ある粒子の流れである。この粒子を何というか。

[　　　　　]

(4) (3)の粒子は，どのような電気を帯びているか。

[　　　　　]

6 右の**図1**，**2**はモーターの原理を表したものである。これについて，次の問いに答えなさい。

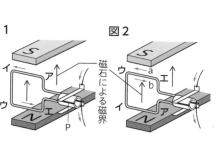

(1) **図1**でコイルに**ア→イ→ウ→エ**の向きに電流を流すと，コイルの**ア−イ**の部分，**ウ−エ**の部分は，それぞれ**P**から見て右向き，左向きのどちらの力を受けるか。

ア−イ[　　　　　] **ウ−エ**[　　　　　]

(2) **図2**は，(1)の力を受けて，コイルが半回転したようすを表している。コイルが(1)と同じ向きに回転するとき，**ウ−エ**を流れる電流の向きは，**図2**の**a**，**b**のどちらか。

[　　　　　]

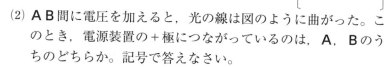
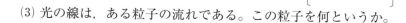
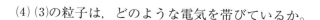

10 力と運動

Check! −基本問題−

解答 ➡ 別冊p.6

□ に適する語句や数を書きなさい。

1 力の合成と分解，水圧と浮力

(1) 2つの力と同じはたらきをする1つの力を求めることを力の
① □ といい，それによってできた力を ② □ という。

(2) 一直線上で同じ向きにはたらく2力
を合成すると，合力の大きさは2力
の大きさの ③ □ になり，合力の
向きは2力と ④ □ 向きになる。

(3) 一直線上で反対向きにはたらく2力
を合成すると，合力の大きさは2力
の大きさの ⑤ □ になり，合力の
向きは ⑥ □ いほうの力と同じ向きになる。

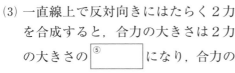

(4) 角度をもってはたらく2力の合力は，その2力を表す矢印を2
辺とする平行四辺形の ⑦ □ で表される。

(5) 1つの力を，これと同じはたらきをする複数の力に分けること
を力の ⑧ □ といい，それによってできた力を ⑨ □
という。

(6) 水にはたらく重力によって生じる圧力を ⑩ □ という。

(7) 水中の物体にはたらく上向きの力を ⑪ □ という。

(8) 浮力の大きさは，物体の水中にある部分の ⑫ □ が大きい
ほど，大きい。

(9) ⑩ の大きさは，水面からの深さが同じであれば ⑬ □ い。

(10) 同じ深さで水平方向(物体の側面)にはたらく力は，大きさが同
じで向きが反対なので， ⑭ □ いる。

(11) ⑩ の大きさは，水面から深くなるほど大きくなるので，物体の
上面より下面にはたらく ⑩ のほうが ⑮ □ く， ⑩ によって
生じる力も ⑯ □ 面のほうが大きい。

(12) 物体が水面に浮いて止まっているとき，重力と浮力は
⑰ □ いる。

✅ **復習メモ**

2力がつり合う条件
❶ 2力の大きさは等しい。
❷ 2力の向きは反対である。
❸ 2力は同一直線上にある(作用線が一致する)。

🔍 **くわしく**

分力の表し方
分力は，合力とは逆に，もとの力の矢印を対角線とする平行四辺形のとなり合う2辺で表される。

🔍 **くわしく**

水の深さと水圧

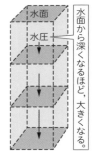

✅ **復習メモ**

物体にはたらく水圧と浮力

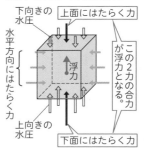

② 物体の運動

(1) ある距離を一定の速さで移動したと考えたときの速さを
　　① [　　　　　　　] という。

(2) ごく短い時間に移動した距離をもとに求めた速さを
　　② [　　　　　　　] という。

(3) 物体が真下（鉛直に下向き）に落下するときの運動を
　　③ [　　　　　] （自由落下運動）という。

(4) 運動の向きに力がはたらいていないとき，一定の速さで一直線
　　上を進む運動を ④ [　　　　　　] という。

(5) 物体の運動のようすは，速さと ⑤ [　　　　] で表すことができる。

(6) 運動している物体の速さは，一定時間に移動する ⑥ [　　　　] で
　　求められる。

(7) 物体に力がはたらいていないか，力がはたらいていてもつり合
　　っているとき，静止している物体は静止し続け，動いている物体
　　は ④ を続けることを ⑦ [　　　　] の法則という。また，物体がも
　　つこのような性質を ⑧ [　　　　] という。

(8) 斜面を下る物体の運動では，斜面の角度
　　（傾き）が大きくなると，速さのふえ方が大
　　きくなる。これは，斜面に平行で下向きの
　　力が ⑨ [　　　　] なるからである。

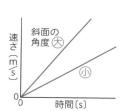

(9) 斜面に垂直な分力（物体を斜面に押しつけ
　　る力）は，斜面からの ⑩ [　　　　]（斜面が物体を押し返す力）
　　と常につり合っているから，斜面を下る物体の運動に関係する
　　力は，斜面に ⑪ [　　　　] な分力だけである。斜面に ⑪ な分力の
　　大きさは，斜面の ⑫ [　　　　] が大きいほど大きくなる。

(10) 斜面を上る物体の運動では，運動と ⑬ [　　　　] 向きに，重力の
　　斜面に平行な分力がはたらき続けるから，物体の速さは一定の
　　割合で小さくなり，やがて静止した後，斜面を下り始める。

(11) ２つの物体間で対になってはたらく力のうち，一方を作用，もう
　　一方を反作用という。作用と反作用の２力は，大きさは
　　⑭ [　　　　] く，一直線上にあり，向きは ⑮ [　　　　] である。こ
　　れを ⑯ [　　　　] の法則という。

作用と反作用の２力は
同時にはたらくよ。

✅ 復習メモ
速さを求める式
速さ〔m/s〕
$= \dfrac{移動距離〔m〕}{移動にかかった時間〔s〕}$

✅ 復習メモ
速さの単位
メートル毎秒（記号 m/s），
センチメートル毎秒（記号 cm/s），
キロメートル毎時（記号 km/h）
など。

🔍 くわしく
力のつり合いと慣性の法則

等速直線運動
摩擦力や
空気の抵抗 ← → エンジンの力

🔍 くわしく
時間と速さ・移動距離の関係
時間と速さの関係

時間と移動距離の関係

10 力と運動

1 図は，坂を転がる球のようすを表したものである。球にはたらく重力を，斜面に平行な方向と，斜面に垂直な方向に分解し，図にかきなさい。

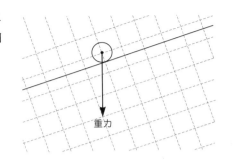

重力

2 Kさんは海に浮いている同型の船A，Bを見つけた。BはAよりも荷物をたくさん積んでおり，図のようにAよりいくらか沈んでいた。荷物の分も含めたAの重さをWA，Bの重さをWB，Aにはたらく浮力の大きさをFA，Bにはたらく浮力の大きさをFBとして，それらの大小関係について正しく表しているものはどれか。次の**ア**〜**エ**から選びなさい。

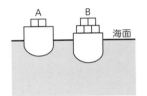

A   B   海面

ア WA < WB，FA = FB   **イ** WA < FA，WB < FB
ウ WA < FA < WB < FB   **エ** WA = FA < WB = FB

[   ]

3 図のように，ばねばかりにつるしたおもりを水中に沈めていく。次の表は，その結果を示している。あとの問いに答えなさい。

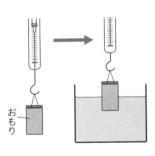

おもり

	空気中	半分までを水中に沈める	全体を浅く水中に沈める	全体を深く水中に沈める
ばねばかりの値〔N〕	1.00	0.90	0.80	0.80

(1) このおもりは，何Nか。

[   ]

(2) 表から，おもりが水中にあるときと空気中にあるときでは，ばねばかりが示す値が変化することがわかる。これは水中の物体にある力がはたらくためである。このような力を何というか。

[   ]

(3) (2)の力は，重力と同じ向きか，反対向きか。

[   ]

(4) おもりの全体を水中に沈めたとき，おもりが水中から受ける(2)の大きさは何Nか。

[   ]

(5) 表の結果から，おもり全体を水中に沈めたとき，(2)の大きさと，物体がある水中での深さには関係があるといえるか。

[   ]

4 なめらかで水平な台の上にドライアイスを滑らせ，1秒間に18コマ撮れるビデオカメラで撮影したところ，1コマにつき4cm進み，右の図のようになった。次の問いに答えなさい。

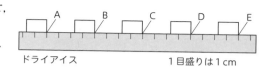

ドライアイス　　　　　　　1目盛りは1cm

(1) A点とB点の間での，ドライアイスの平均の速さは何cm/sか。

〔　　　　　〕

(2) 点Aをスタートした物体が，36cm進むのに要する時間は何秒か。

〔　　　　　〕

(3) このような運動を，何というか。

〔　　　　　〕

5 図1のように，台車を手で軽く押し，記録タイマーで運動を記録した。図2は，テープの記録をもとに，時間と移動距離の関係をグラフに表したものである。次の問いに答えなさい。

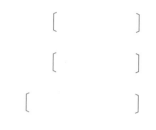

図1

記録タイマー

テープ

台車

(1) 図2から，時間と移動距離の間には，どのような関係があるといえるか。

〔　　　　　〕

(2) 図2から，この台車の運動の平均の速さは，約何cm/sだといえるか。

〔　　　　　〕

(3) この台車は，一定の速さで一直線上を運動し続ける。この運動を何というか。

〔　　　　　〕

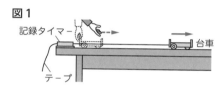

図2

6 図は，1秒間に50打点する記録タイマーの記録テープを手で引っ張り，その運動を記録したものである。次の問いに答えなさい。

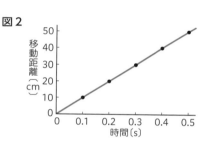

(1) 記録テープの5打点分の時間は何秒か。

〔　　　　　〕

(2) 図で，次の①～⑤の区間について，運動の平均の速さはそれぞれ何cm/sか。
　① AB間　　② BC間　　③ CD間　　④ DE間　　⑤ AE間

①〔　　　〕 ②〔　　　〕 ③〔　　　〕
④〔　　　〕 ⑤〔　　　〕

(3) テープの打点間隔と速さの関係について正しく説明したものは，次のア～エのどれか。
　ア　打点間隔が広いほど速い。　　　イ　打点間隔が一定であれば加速している。
　ウ　打点間隔が狭いほど速い。　　　エ　打点間隔は速さとは関係がない。

〔　　　　　〕

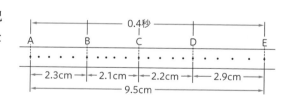

11 仕事とエネルギー

Check! -基本問題-

解答 ➡ 別冊p.7

☐ に適する語句や数を書きなさい。

1 仕事の大きさ

(1) 物体に力を加え，力の向きに物体を動かしたとき，力は物体に対して ①☐ をしたという。

(2) 物体を動かすとき，加える力が大きいほど，また，動かす距離が長いほど，②☐ の大きさは大きくなる。

(3) 仕事の単位には，③☐（記号J）が使われる。

(4) 仕事〔J〕＝物体に加えた ④☐ の大きさ〔N〕
　　　　×力の向きに動いた ⑤☐〔m〕

(5) 重力に逆らってする仕事〔J〕
　　＝重力の大きさ〔N〕×持ち上げた ⑥☐〔m〕

(6) 摩擦力に逆らってする仕事〔J〕
　　＝ ⑦☐ 力の大きさ〔N〕×水平に動かした距離〔m〕

(7) 物体を押しても動かないときや物体を持ったまま立っているとき，力の向きに対して垂直に物体を動かしたときは，仕事をしたことには ⑧☐。

2 仕事の原理

(1) 動滑車や斜面，てこなどの道具を使うと，小さな力で物体を動かすことができるが，引いたり動かしたりする距離は ①☐ なる。

(2) 道具を使っても使わなくても，同じ状態になるまでの仕事の大きさは ②☐。このことを，③☐ の原理という。

3 仕事率

(1) 一定時間当たりにする仕事の大きさを，①☐ という。

(2) 仕事率〔W〕＝ $\dfrac{②☐〔J〕}{\text{仕事にかかった}③☐〔s〕}$

☌ くわしく

重力に逆らってする仕事
物体をある高さまでゆっくりと一定の速さで持ち上げるには，物体にはたらく重力とつり合う力を加え続ければよい。

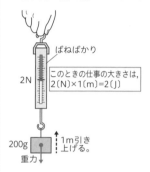

ばねばかり
2N
このときの仕事の大きさは，2〔N〕×1〔m〕=2〔J〕
200g　1m引き上げる。
重力

☌ くわしく

摩擦に逆らってする仕事

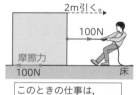

2m引く。
100N
摩擦力
100N　床
このときの仕事は，100〔N〕×2〔m〕=200〔J〕

☌ くわしく

動滑車を使った仕事

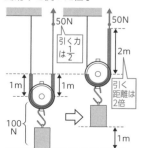

50N　50N
引く力は$\frac{1}{2}$
1m　1m　2m
引く距離は2倍
100N　1m

(3) 仕事率と電力の単位は, ともに [④____] (記号W)である。電
力量は, 電気による全体の仕事の大きさを表している。

4 位置エネルギーと運動エネルギー

(1) ある物体が他の物体に仕事をする能力のことを [①____] という。

(2) エネルギーの単位には, 仕事と同じ [②____] (記号J)が使わ
れる。

(3) 高いところにある物体がもっているエネルギーを [③____] エ
ネルギーという。物体の位置エネルギーは, 物体の基準面からの
高さが [④____] いほど, 大きい。また, 物体の質量が
[⑤____] いほど, 大きい。

(4) 運動している物体がもっているエネルギーを [⑥____] エネル
ギーという。物体の運動エネルギーは, 物体の速さが [⑦____]
いほど, 大きい。また, 物体の質量が [⑧____] いほど, 大きい。

5 力学的エネルギー

(1) 位置エネルギーと運動エネルギーの和を, [①____] エネルギ
ーという。

(2) 摩擦や空気の抵抗がなければ, 力学的エネルギーは変化
[②____]。物体のもつ力学的エネルギーが一定に保たれるこ
とを, 力学的エネルギーの保存(力学的エネルギー保存の法則)
という。

6 多様なエネルギーとその移り変わり

(1) 力学的エネルギーのほかにも, エネルギーにはいろいろな種類
があるが, これらのエネルギーの単位は, 仕事の単位と同じ
[①____] (記号J)が使われる。

(2) 消費したエネルギーに対する利用できるエネルギーの割合を,
エネルギー [②____] という。

(3) エネルギー変換の前後でエネルギーの総量が変わらないことを
エネルギー [③____] の法則という。

(4) 高温の部分から低温の部分に熱が移動することを [④____] と
いう。液体や気体の物質そのものが流動して, 全体に熱が伝わる
現象を [⑤____] という。物質の熱が光として放出される現象
を [⑥____] という。

> エネルギーはさまざま
> な形に変換するよ。

復習編

11
仕事とエネルギー

✓ 復習メモ

位置エネルギーと運動エネルギーの移り変わり
斜面を転がる物体

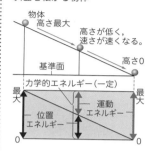

🔍 くわしく

エネルギーの種類
電気エネルギー
熱エネルギー
光エネルギー
音エネルギー
化学エネルギー
弾性エネルギー
核エネルギー

🔍 くわしく

熱
熱は, エネルギーの変換の過程で発生しやすいが, 周囲に伝わりやすく, 拡散しやすいので, 他のエネルギーに変換するのは難しい。

🔍 くわしく
振り子

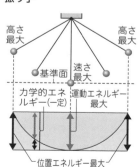

45

Try! −応用問題−

解答 ➡ 別冊p.7

1 右の図は，一定時間ごとの振り子のようすを示したもので
ある。次の問いに答えなさい。ただし，空気抵抗や摩擦は考
えないものとする。

(1) おもりの位置エネルギーと運動エネルギーがもっとも大
きくなるのは，それぞれどの点か。図の**A**〜**E**からすべて
選びなさい。

　　位置エネルギー〔　　　　〕　　運動エネルギー〔　　　　〕

(2) 振り子が**C**から**E**に向かって振れるとき，位置エネルギ
ーと運動エネルギーの増減はどうなるか。増加，減少で答えなさい。

　　　　　　　　位置エネルギー〔　　　　〕　　運動エネルギー〔　　　　〕

2 **A**さん，**B**さん，**C**さんは仕事について調べ
るために，ひも・滑車・斜面を使って，それ
ぞれ**図1**〜**3**のように，質量12kgの物体を

	Aさん	Bさん	Cさん
時間〔秒〕	4	6	5

4mの高さまで引き上げた。表は，物体を引き上げるのにかかった時間を示している。次の問
いに答えなさい。ただし，物体と斜面の間の摩擦や，滑車やひもの質量は考えないものとする。
また，100gの物体にはたらく重力の大きさ1Nとする。

図1　　　　　　　　　　　**図2**　　　　　　　　　　**図3**

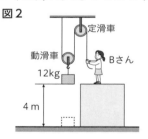
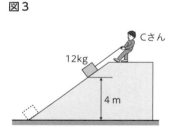

(1) **A**さんが物体にした仕事の大きさは何Jか。

　　　　　　　　　　　　　　　　　　　　　　　　　　　　〔　　　　〕

(2) **B**さんは，物体を4mの高さまで引き上げるために，ひもを何m引いたか。

　　　　　　　　　　　　　　　　　　　　　　　　　　　　〔　　　　〕

(3) **C**さんが物体を引いた力の大きさは，**B**さんが引いた力の$\frac{1}{2}$であった。**C**さんは，物体を4
mの高さまで引き上げるために，ひもを何m引いたか。

　　　　　　　　　　　　　　　　　　　　　　　　　　　　〔　　　　〕

(4) 3人がした仕事のうち，①仕事率が最も小さかったのはだれの仕事か。また，②その仕事率
は何Wか。

　　　　　　　　　　　　　　　　　①〔　　　　〕　②〔　　　　〕

3 右の図は，てこを使って重さが20kgの物体を持ち上
げたときのようすである。ただし，100gの物体にはた
らく重力の大きさを１Nとする。次の問いに答えなさ
い。

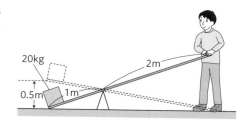

(1) この物体を直接0.5m持ち上げたときの仕事の大き
さは何Jか。

〔　　　　　　　　　〕

(2) てこを使って物体を0.5m持ち上げるため，棒を１m押し下げた。このときに加えた力は何N
か。

〔　　　　　　　　　〕

4 図は，斜面から転がした40gの小球が当たったと
きの，50gの木片の移動距離を調べる装置である。
次の問いに答えなさい。ただし，100gの物体にはた
らく重力の大きさを１Nとする。

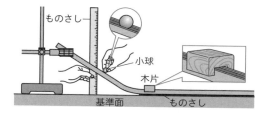

(1) 小球を基準面から30cmの高さから転がして当
てると，木片は４秒間運動し，24cm移動して停
止した。このとき，①小球が木片にした仕事の大きさは何Jで，②仕事率は何Wか。

①〔　　　　　　　〕　②〔　　　　　　　〕

(2) (1)のとき，小球は，木片に当たると，転がってきた方向とは反対方向に移動した。このとき
成り立っている法則は何か。

〔　　　　　　　　　〕

(3) 小球が木片に当たる瞬間，最も大きくなっているエネルギーは何か。

〔　　　　　　　　　〕

(4) (3)のエネルギーについて，次の①，②に答えなさい。

① 40gの小球を転がす高さを30cmから20cmにすると，(3)のエネルギーの大きさはどうな
るか。

〔　　　　　　　　　〕

② 転がす高さは30cmのままで，小球の質量を40gから20gにすると，(3)のエネルギーの大
きさはどうなるか。

〔　　　　　　　　　〕

(5) 斜面を転がる途中の小球で，力学的エネルギーはどうなっているか。次の**ア**〜**エ**から選びな
さい。ただし，摩擦や空気の抵抗は考えないものとする。

ア 大きくなる。　　**イ** 一定に保たれている。　　**ウ** 小さくなる。　　**エ** ０になる。

〔　　　　　　　　　〕

(6) 実験直後，木片が移動した部分を触ると，熱くなっていた。これは，(3)のエネルギーが別の
エネルギーに変換されたからである。この変換された別のエネルギーは何か。

〔　　　　　　　　　〕

12 大地の変化

Check! −基本問題−

解答 ➡ 別冊p.8

☐ に適する語句や数を書きなさい。

1 鉱物と火成岩

(1) マグマが地表に流れ出たものや，マグマが地表で冷え固まった
ものを ①☐ という。

(2) マグマから出てきた気体を ②☐ という。

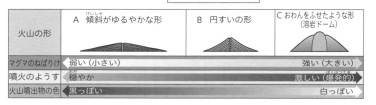

火山の形	A 傾斜がゆるやかな形	B 円すいの形	C おわんをふせたような形 (溶岩ドーム)
マグマのねばりけ	弱い (小さい)		強い (大きい)
噴火のようす	穏やか		激しい (爆発的)
火山噴出物の色	黒っぽい		白っぽい

(3) 火山灰に含まれる粒のうち，結晶になったものを ③☐ と
いう。

鉱物	無色鉱物		有色鉱物				
	チョウ石(長石)	セキエイ(石英)	クロウンモ(黒雲母)	カクセン石(角閃石)	キ石(輝石)	カンラン石	磁鉄鉱

(4) マグマが地表付近や地表で急に冷え固まってできた岩石を
④☐ という。

(5) 火山岩のつくりを ⑤☐ 組織という。

(6) 火山岩のつくりで，目に見えないほどの細かい粒などでできた
部分を ⑥☐ という。

(7) 火山岩のつくりで，比較的大きな鉱物の結晶を ⑦☐ という。

(8) マグマが地下の深いところでゆっくり冷え固まってできた岩石
を ⑧☐ という。

(9) 深成岩のつくりを ⑨☐ 組織という。

2 地震のゆれとその伝わり方

(1) 地震で，初めの小さなゆれを ①☐ という。

(2) 地震で，後からくる大きなゆれを ②☐ という。

(3) ある地点での，P波とS波が到着した時刻の差を
③☐ という。

🔍 くわしく

火山の例
傾斜がゆるやかな形
・マウナロア
　(アメリカ・ハワイ島)
・キラウエア
　(アメリカ・ハワイ島)
・マウナケア
　(アメリカ・ハワイ島)
円すいの形
・桜島(鹿児島県)
・浅間山(長野県・群馬県)
おわんをふせたような形
・雲仙普賢岳(長崎県)
・昭和新山(北海道)
・有珠山(北海道)

✅ **復習メモ**
火成岩のつくり
・火山岩

斑状組織
斑晶
石基

・深成岩

等粒状組織

震源からの距離と波の伝わり方

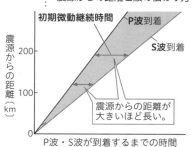

初期微動継続時間
P波到着
S波到着
震源からの距離が
大きいほど長い。
震源からの距離(km)
P波・S波が到着するまでの時間

(4) P波とS波の速さのちがいを利用して，②がくることを事前に知らせる予報・警報を④□□□□□□□□□という。

(5) ある地点での地震のゆれの大きさを表す尺度を⑤□□□□□□□□□という。

(6) ⑤が大きいほど，ゆれが⑥□□□□□□。

(7) 地震の規模（エネルギーの大きさ）を表す値を⑦□□□□□□□□□という。

3 地震が起こるしくみと地形の変化

(1) 日本付近で起こる地震の震源の深さは，日本海側（大陸側）に向かうにつれて①□□□□□□□□□なっている。

(2) 地球の表面をおおう厚さ100kmほどの岩盤を②□□□□□□□□□という。

(3) 地下の岩盤が破壊されてできたずれを③□□□□□□□□□という。

(4) 大陸プレートと海洋プレートの境界で起こる地震を④□□□□□□□□□地震という。

(5) 日本列島の真下の大陸プレート内で起こる地震を⑤□□□□□□□□□地震（直下型地震）という。

4 地層のでき方

(1) 気温の変化や風雨のはたらきなどによって，地表で岩石が土砂に変わっていくことを①□□□□□□という。

(2) 流水が岩石を削り取ることを②□□□□□□という。

(3) 流水によって土砂が運ばれることを③□□□□□□という。

(4) 流水によって運ばれた土砂が積もることを④□□□□□□という。

(5) 河口や岸の近くでは粒の大きい⑤□□□□□□や砂が④する。

(6) 火山灰の層などのように，離れた地層を比較するときの手がかりになる層を⑥□□□□□□という。

(7) 堆積物が押し固められてできた岩石を⑦□□□□□□という。

(8) 火山灰などが堆積して固まった岩石を⑧□□□□□□という。

(9) 生物の遺骸などからできた⑦には，石灰岩や⑨□□□□□□がある。

(10) 地層が堆積した当時の環境を推定する手がかりになる化石を⑩□□□□□□という。

(11) 地層が堆積した年代を推定する手がかりになる化石を⑪□□□□□□という。

(12) 地層が堆積した年代を⑫□□□□□□という。

✓ 復習メモ

地震の波の伝わる速さ

波の速さ〔km/s〕

= 震源からの距離〔km〕 / 地震発生からゆれ始めるまでの時間〔s〕

🔍 くわしく

地震に関する名称

・震源の深さ…震央から震源までの距離
・震源距離…観測地点から震源までの距離
・震央距離…観測地点から震央までの距離

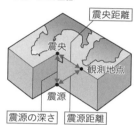

🔍 くわしく

いろいろな堆積岩

堆積岩	おもな堆積物	
れき岩	岩石などの破片（はへん）	れき
砂岩		砂
泥岩		泥
凝灰岩	火山の噴出物（ふんしゅつぶつ）	
石灰岩	生物の遺骸や水にとけていた成分	
チャート		

🔍 くわしく

・**おもな示相化石**

示相化石	堆積した当時の環境
サンゴ	あたたかくて浅い海
アサリ	浅い海
シジミ	河口や湖
ブナ	やや寒い気候の陸地

・**おもな示準化石**

古生代	中生代	新生代
サンヨウチュウ フズリナ	アンモナイト 恐竜（きょうりゅう）	ビカリア ナウマンゾウ

Try! −応用問題−

解答 ⇒ 別冊p.8

1 右の表は，ある地震が起こったときの地点A，Bでの記録である。表のaにあてはまる時刻を求めなさい。

観測地点	初期微動の始まった時刻	主要動が始まった時刻	震源からの距離
地点A	4時14分56秒	a	240km
地点B	4時15分40秒	4時16分03秒	460km

[   ]

2 右の図は，緊急地震速報のしくみを表している。12時20分06秒に発生した地震で，震源からの距離が15kmの地点でP波をとらえた4秒後に，気象庁から緊急地震速報が発表されたとするとき，次の問いに答えなさい。ただし，P波の速さは7.5km/s，S波の速さは3.0km/sとする。また，緊急地震速報は発表されると同時に，各地で受信するものとする。

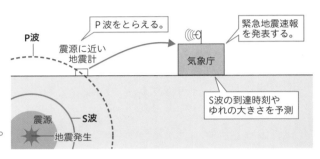

(1) 震源からの距離が15kmの地点でP波をとらえた時刻は何時何分何秒か。

[   ]

(2) 震源からの距離が120kmの地点にS波が届くのは何時何分何秒か。

[   ]

(3) 震源からの距離が120kmの地点で，緊急地震速報を受信してから主要動が始まるまでの時間は何秒か。

[   ]

(4) 地震が発生する原因となる，地球の表面をおおっている厚さ100kmほどの岩盤を何というか。

[   ]

3 右の図は，ある地震が起こったときの，各地点で，初めの小さなゆれが始まった時刻を記入したものである。次の問いに答えなさい。ただし，00は，10時52分00秒を表している。

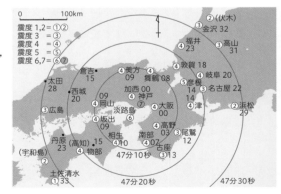

(1) 震源の真上の地表の地点を何というか。

[   ]

(2) 右の図に，(1)の位置を×でかきなさい。

(3) (1)からの距離が大きいほど，震度はどうなっていくか。

[   ]

4 右の表は，安山岩，花こう岩，流紋岩，せん緑岩，斑れい岩，玄武岩の岩石の標本をそのつくりからX，Yの種類に分類し，さらに，ふくまれる有色鉱物と無色鉱物の割合の違いからまとめたものである。次の問いに答えなさい。

岩石の種類	X	岩石A	安山岩	岩石D
	Y	岩石B	岩石C	花こう岩
有色鉱物の割合	多い ⟵			⟶ 少ない
無色鉱物の割合	少ない ⟵			⟶ 多い

(1) 次の文は，表のXとYのつくりに見られる特徴について述べたものである。ア，イにあてはまる語句をそれぞれ書きなさい。

　　Xは，比較的大きな鉱物と，そのまわりの石基の部分からできている。このようなつくりを，　ア　組織という。また，Yは，石基の部分がなく，同じくらいの大きさの鉱物がきっちりと組み合わさってできている。このようなつくりを，　イ　組織という。

ア［　　　　　　］　イ［　　　　　　］

(2) 表のX，Yにあてはまる名称をそれぞれ漢字で書きなさい。

X［　　　　　　］　Y［　　　　　　］

(3) 表のXができるときのマグマの固まる場所と冷え方を，簡単に書きなさい。
［　　　　　　　　　　　　　　　　　　　　　　　　　　　　　　］

(4) 表の岩石A，Cにあてはまる岩石を次のア〜エよりそれぞれ1つずつ選び，その記号を書きなさい。
　ア　流紋岩　　　イ　せん緑岩　　　ウ　斑れい岩　　　エ　玄武岩

A［　　　　　　］　C［　　　　　　］

5 右の図は，ある地域の地点A，B，Cのボーリング試料をもとに作成したものである。次の問いに答えなさい。ただし，この地域では，地層の上下が逆転するような大地の変動は起こっていないことと，火山の噴火は2回起こっていることがわかっている。

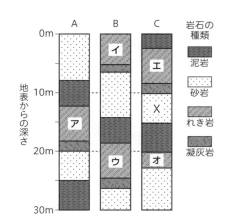

(1) 右の図で，地点Aのアのれき岩の層と同じであると考えられる層を，図のイ〜オよりすべて選び，その記号を書きなさい。
［　　　　　　］

(2) 地点CのXの地層から，サンゴの化石が見つかった。Xの地層ができた当時の環境は，どのようだったと考えられますか。簡単に書きなさい。
［　　　　　　　　　　　　　　　　　　　　　　　　　　　　　　］

(3) この地域の地層は，どこも同じ厚さで平行に重なり，傾いてはいなかった。地点Aの標高が90mのとき，地点Cの標高は何mだと考えられますか。
［　　　　　　］

13 天気とその変化

解答 ➡ 別冊p.9

Check! −基本問題−

□ に適する語句や数を書きなさい。

1 気象観測

(1) 空全体の広さを10としたときの，雲が占める割合を ①□□□ といい，空気中に水蒸気が含まれている割合を ②□□□ という。

$$湿度〔\%〕= \frac{空気1m^3中に含まれる水蒸気量〔g/m^3〕}{その気温での飽和水蒸気量〔g/m^3〕} \times 100$$

(2) 気圧の単位には ③□□□（記号hPa）を使う。

(3) 一定の面積当たりに垂直にはたらく力の大きさを ④□□□ といい，その単位には ⑤□□□（記号Pa）を使う。空気（大気）による ④ を ⑥□□□ という。

2 大気中の水蒸気と雲のでき方

(1) 1m^{3}の空気中に含むことのできる水蒸気の最大量を ①□□□ という。

(2) 空気中の水蒸気が水滴に変わることを ②□□□ といい，空気中の水蒸気が ② し始めるときの温度を ③□□□ という。

(3) 露点の測定の実験で，コップの表面がくもり始めたときの温度が ④□□□ を示す。

(4) 空気中の水蒸気量が一定のとき，気温が高いほど，湿度は ⑤□□□ なる。

3 前線と天気の変化

(1) 気圧の分布のようすを ①□□□ という。

(2) 等圧線が閉じていて，まわりより中心の気圧が高いところを ②□□□ といい，等圧線が閉じていて，まわりより中心の気圧が低いところを ③□□□ という。

🔍 **くわしく**

天気と風向・風力の記号

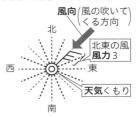

風向（風の吹いてくる方向）
北東の風
風力3
北 西 東 南
天気くもり

🔍 **くわしく**

雲量と天気

雲量	天気	記号
0〜1	快晴	○
2〜8	晴れ	①
9〜10	くもり	◎

✅ **復習メモ**

圧力の求め方
圧力〔Pa〕
$$= \frac{力の大きさ〔N〕}{力がはたらく面積〔m^2〕}$$

🔍 **くわしく**

露点の測定の実験
金属製のコップを使うのは，金属が熱を伝えやすいためである。

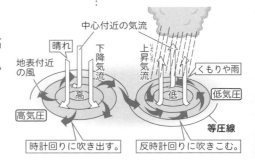

中心付近の気流
晴れ　下降気流　上昇気流　くもりや雨
地表付近の風
高気圧　高　低　低気圧
等圧線
時計回りに吹き出す。　反時計回りに吹きこむ。

(3) 天気図で等圧線の間隔が狭いほど，風が^④　　　　吹く。

(4) 気温や湿度がほぼ一様になっている，大規模な空気のかたまりを^⑤　　　　という。

(5) 前線面が地表面に接してできる線を^⑥　　　　という。

(6) 寒気が暖気の下にもぐりこみ，暖気を押し上げながら進んでいく^⑥を^⑦　　　　前線という。

(7) 暖気が寒気の上にはい上がり，寒気を押しながら進んでいく^⑥を^⑧　　　　前線という。

(8) 寒冷前線が温暖前線に追いついてできる^⑥を^⑨　　　　前線という。

(9) 寒気と暖気がぶつかって，ほとんど動かない^⑥を^⑩　　　　前線という。

(10) 寒冷前線の通過後は，気温が下がり，^⑪　　　　寄りの風が吹く。

(11) 温暖前線の通過後は，気温が上がり，^⑫　　　　寄りの風が吹く。

4 大気の動きと日本の天気

(1) 1年を通して中緯度帯の上空を西から東へ吹く風を^①　　　　という。

(2) 海岸付近で，陸上と海上の空気の温度差によって吹く風を^②　　　　という。

(3) 夏に日本列島に吹く季節風の風向はおもに^③　　　　であり，

冬に日本列島に吹く季節風の風向はおもに^④　　　　である。

(4) 日本の，北西の大陸上に発達する気団を^⑤　　　　気団，北東の海洋上に発達する気団を^⑥　　　　気団，南東の海洋上に発達する気団を^⑦　　　　気団という。

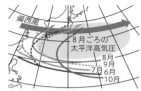

(5) 冬に特徴的な気圧配置を^⑧　　　　の冬型の気圧配置という。

(6) 春や秋によくみられる，移動する高気圧を^⑨　　　　という。

(7) 初夏のころにできる停滞前線を^⑩　　　　前線という。

(8) 熱帯低気圧のうち，中心付近の最大風速が17.2m/s以上になったものを^⑪　　　　という。

☑ 復習メモ
・温暖前線の雲のようす

暖気が寒気の上にはい上がる。
乱層雲　高層雲
温暖前線
暖気　地表面　前線面　寒気

・寒冷前線の雲のようす

積雲　積乱雲
前線面　寒気　暖気は押し上げられる。　寒冷前線　暖気
寒気は暖気の下にもぐりこむ。

☑ 復習メモ
海陸風

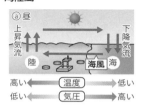
ⓐ昼
上昇気流　下降気流
陸　海風　海
高い←温度→低い
低い←気圧→高い

ⓑ夜
下降気流　陸風　上昇気流
陸　海
低い←温度→高い
高い←気圧→低い

🔍 くわしく
台風のおもな進路

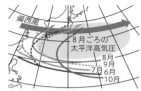
偏西風
8月ごろの太平洋高気圧
8月　9月　7月　6月　10月

日本の四季と，気団や前線の関係をつかもう。

Try! -応用問題-

解答 ➡ 別冊p.9

1 図1のような直方体を，図2のA〜Cのようにして机の上に置いた。あとの問いに答えなさい。ただし，100gの物体にはたらく重力の大きさを1Nとする。

図1　　　　図2

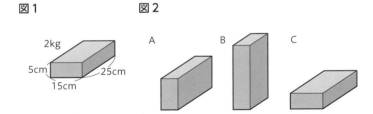

(1) 図1のレンガにはたらく重力の大きさは何Nか。

[　　　　　　　]

(2) 机に加わる圧力が最も大きくなるのは，図2のA〜Cのどれか。

[　　　　　　　]

(3) 図2のAで，力がはたらく面積は何m²か。

[　　　　　　　]

(4) 図2のAのとき，机に加わる圧力は何Paか。

[　　　　　　　]

(5) 図2のBのときに机に加わる圧力は，Cのときの何倍か。

[　　　　　　　]

2 下の表は，それぞれの気温における飽和水蒸気量を示している。あとの問いに答えなさい。

気温〔℃〕	10	11	12	13	14	15	16	17
飽和水蒸気量〔g/m³〕	9.4	10.0	10.7	11.3	12.1	12.8	13.6	14.5

(1) ある空気の気温は，16℃だった。この空気1m³中に含まれる水蒸気量が9.4gのとき，この空気の露点を求めなさい。

[　　　　　　　]

(2) (1)の空気の湿度は何%か。四捨五入して，小数第1位まで求めなさい。

[　　　　　　　]

(3) (2)のとき，乾湿計の湿球の示度は何℃と考えられるか。右の湿度表から求めなさい。

[　　　　　　　]

乾球温度〔℃〕	乾球と湿球の温度の差〔℃〕					
	2.5	3.0	3.5	4.0	4.5	5.0
17	75	70	65	61	56	51
16	74	69	64	59	55	50
15	73	68	63	58	53	48
14	72	67	62	57	51	46
13	71	66	60	55	50	45
12	70	65	59	53	48	43
11	69	63	57	52	46	40
10	68	62	56	50	44	38

3 下の図は，3月31日から4月1日の2日間の気圧，気温，風向，風速，天気の変化を記録したものである。あとの問いに答えなさい。

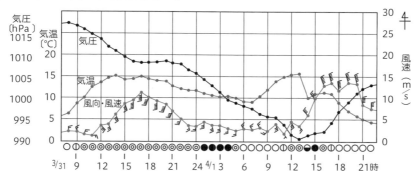

(1) 天気晴れ，風向南南西，風力3を表す天気図記号を，右の図にかき入れなさい。

(2) 図から，4月1日21時の天気，気温，風向を読みとりなさい。

天気［　　　　　　］　気温［　　　　　　］　風向［　　　　　　］

(3) 図では，気圧が下がっているが，4月1日13時からは気圧が上がっている。この理由を述べた下の文の□□□にあてはまる語を答えなさい。

　　この地域に，□□□が近づき，通過したためである。

［　　　　　　　　　］

(4) 寒冷前線が通過したと考えられるのは，何日の何時から何時の間ですか。

［　　　　　　　　　］

(5) (4)のように答えた理由を，簡単に書きなさい。

［　　　　　　　　　］

4 図は，晴れた日の海岸付近の大気の動きを表している。あとの問いに答えなさい。

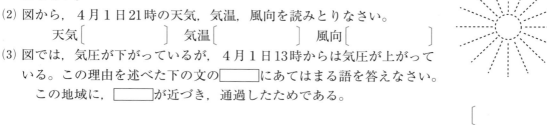

(1) 昼と夜で，気温がより低くなっているのは，それぞれ海と陸のどちらか。

昼［　　　　　　］　夜［　　　　　　］

(2) 昼と夜で，気圧がより低くなっているのは，それぞれ海と陸のどちらか。

昼［　　　　　　］　夜［　　　　　　］

(3) 下降気流が発生しているところを，図のA〜Dからすべて選びなさい。

［　　　　　　　　　］

(4) 昼と夜の風の向きは，それぞれア，イのどちらか。

昼［　　　　　　］　夜［　　　　　　］

(5) 晴れた日の海岸付近で，昼と夜に吹く風を，それぞれ何というか。

昼［　　　　　　］　夜［　　　　　　］

14 地球と宇宙

Check! −基本問題−　　　　　　　　　解答 ⇒ 別冊p.9

に適する語句や数を書きなさい。

1 天体の1日の動き

(1) 見かけ上の球形の天井を①〔　　〕という。

(2) 天球上で，観測者の真上の点を②〔　　〕という。

(3) 北極と南極を結ぶ軸を③〔　　〕という。

(4) 地球が地軸を中心に1日に1回転する運動を，地球の④〔　　〕という。

(5) 太陽が真南にくることを，太陽の⑤〔　　〕という。

(6) ⑤したときの高度を⑥〔　　〕という。

(7) 太陽や星の1日の見かけの動きを⑦〔　　〕という。

2 天体の1年の動き

(1) 地球が太陽のまわりを1年に1周することを，地球の①〔　　〕という。

(2) 地球の公転の向きは，自転の向きと②〔　　〕である。

(3) 同じ時刻に同じ星座を観測すると，星座が動いて見えることを，星の③〔　　〕という。

(4) 星の③は，地球の④〔　　〕によって生じる見かけの動きである。

(5) 天球上の太陽の通り道を⑤〔　　〕という。

(6) 季節によって太陽の南中高度や昼の長さが変化するのは，地球が⑥〔　　〕を傾けたまま，太陽のまわりを公転しているからである。

3 月と金星の動きと見え方

(1) 月は地球のまわりを約①〔　　〕か月かけて公転している。

(2) 月の見かけの形の変化を，月の②〔　　〕という。

(3) 同じ時刻に見える月は，日がたつにつれて③〔　　〕から④〔　　〕へ移動する。

復習メモ
天球上の太陽の動き

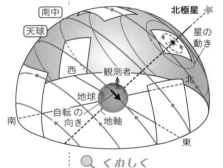

くわしく
太陽の1日の動きの観察

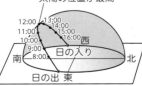

(4) 新月から次の新月にもどるまでには，約 ⑤ [　　　　] 日かかる。

(5) 北極側から見ると，月は地球のまわりを ⑥ [　　　　] 回りに公転している。

(6) 太陽の全体，または一部が月に隠れて見えなくなる現象を ⑦ [　　　　] という。

(7) 月の全体，または一部が地球の影に入る現象を ⑧ [　　　　] という。

(8) 金星は，太陽のまわりを ⑨ [　　　　] している。

(9) 金星の公転軌道は，地球の公転軌道より ⑩ [　　　　] 側であるから，金星は，夕方の ⑪ [　　　　] の空か，明け方の ⑫ [　　　　] の空にしか見ることができない。

(10) 太陽のまわりを公転し，太陽の光を反射して輝いている天体を ⑬ [　　　　] という。

(11) 地球より内側の軌道を公転している ⑬ を ⑭ [　　　　] といい，この ⑬ は，満ち欠けを ⑮ [　　　　]。

(12) 地球より外側の軌道を公転している ⑬ を，⑯ [　　　　] という。

4 太陽系と宇宙の広がり

(1) みずから光を出して輝いている天体を ① [　　　　] という。

(2) 太陽の表面に見られる黒い斑点を ② [　　　　] といい，温度は，まわりより ③ [　　　　]。

(3) 太陽の表面に見られる炎のようなガスの動きを ④ [　　　　] （紅炎）という。

⑤ (100万℃以上)
④ (約10000℃)
中心部 (約1600万℃)
表面 (約6000℃)
② (約4000℃)

(4) 太陽をとり巻く高温のガスの層を ⑤ [　　　　] という。

(5) 太陽とそのまわりを公転する天体をまとめて ⑥ [　　　　] という。

(6) ⑥ のうち，小型でおもに岩石と金属でできていて，密度が大きい惑星を ⑦ [　　　　] 惑星といい，大型でおもに気体でできていて，密度が小さい惑星を ⑧ [　　　　] 惑星という。

(7) 惑星のまわりを公転する天体を ⑨ [　　　　] という。

(8) 光が1年間に進む距離を ⑩ [　　　　] という。

(9) 太陽系が属している恒星の集団を ⑪ [　　　　] （天の川銀河）という。

(10) ⑪ にある恒星の集団を ⑫ [　　　　] という。

✓ 復習メモ
月の公転と満ち欠け

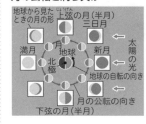

✓ 復習メモ
金星の公転と見え方

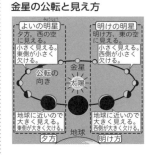

🔍 くわしく
太陽系の天体の軌道

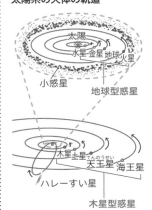

惑星の種類と特徴をおさえておこう。

Try! −応用問題−

解答 ⇒ 別冊p.10

1 下の図は，北緯35°地点の夏至の日に，透明半球に7時から17時まで1時間おきに記録した太陽の動きを・でテープに写しとったものであり，**X**，**Y**は地平線との交点である。テープの上の数は，それぞれの長さ(cm)を表している。あとの問いに答えなさい。

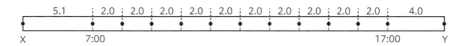

(1) この地点の夏至の日について，日の出の時刻と日の入りの時刻をそれぞれ求めなさい。

日の出 [　　　　　] 　日の入り [　　　　　]

(2) 右の図は，透明半球を真東から見たものである。また，点線(……)は，この地点の冬至と春分の日の太陽の動きを示している。次の①〜③に答えなさい。

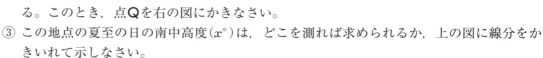

① この地点の夏至の日の太陽の動きを，右の図に実線(—)でかきなさい。

② この地点の夏至の日の太陽の南中する点を**Q**とする。このとき，点**Q**を右の図にかきなさい。

③ この地点の夏至の日の南中高度($x°$)は，どこを測れば求められるか，上の図に線分をかきいれて示しなさい。

2 図は，地球から見た星座の移り変わりを表している。次の問いに答えなさい。

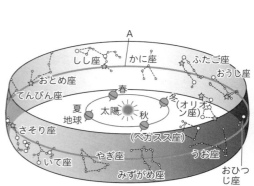

(1) 図の**A**は，太陽の見かけの通り道を表している。**A**を何というか。

[　　　　　]

(2) 図の季節は，日本での季節を表している。次の①〜③に答えなさい。

① 日本が冬至のときに，真夜中に南の空に見える星座を，次の**ア**〜**エ**から1つ選びなさい。

ア みずがめ座　　**イ** おうし座　　**ウ** しし座　　**エ** さそり座

[　　　　　]

② 日本が夏至のとき，真夜中に東の空に見える星座を，次の**ア**〜**エ**から1つ選びなさい。

ア おひつじ座　　**イ** おうし座　　**ウ** しし座　　**エ** みずがめ座

[　　　　　]

③ 日本が秋分のとき，真夜中に見えない星座を，次の**ア**〜**エ**から1つ選びなさい。

ア ペガスス座　　**イ** やぎ座　　**ウ** みずがめ座　　**エ** しし座

[　　　　　]

(3) 図のように，地球は地軸を傾けて太陽のまわりを公転している。公転面から，地球の地軸は何度傾いているか。

[　　　　　　　]

(4) (3)のように，地球が地軸を傾けて公転しているから，四季の変化がある。日本の北緯40°地点の夏至の日の太陽の南中高度を，次の**ア〜オ**から１つ選びなさい。

ア 26.6°　　**イ** 40.0°　　**ウ** 50.0°　　**エ** 60.6°　　**オ** 73.4°

[　　　　　　　]

3 右の図は，太陽と月と地球の位置関係を示したものである。ある地点では，日の入り前に，右側が光っている半月（上弦の月）が南中した。このとき，月は，右の図の**A〜H**のどの位置にあるか。記号で答えなさい。

[　　　　　　　]

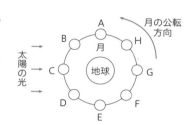

4 右の図は，地球の北極側から見た太陽と金星と地球の位置関係を示したものである。次の問いに答えなさい。

(1) 金星の公転の向きを，図の**a**，**b**より選び，記号で答えなさい。

[　　　　　　　]

(2) 図の**A**，**B**，**C**の位置に金星があるとき，地球から見て，金星はどのように見えるか。右の**ア〜エ**よりそれぞれ選び，記号で答えなさい。

A [　　　　　] B [　　　　　]
C [　　　　　]

(3) 金星は，真夜中に見ることができない。この理由を地球との位置関係から，「軌道」という語句を用いて，簡単に書きなさい。

[　　　　　　　　　　　　　　　　　　　　　　　　]

5 表は，太陽系の惑星のうち，地球とA〜Eの惑星について，その特徴をまとめたものである。次の問いに答えなさい。

(1) 太陽から最も遠い惑星は，A〜Eのどれか。

[　　　　　]

(2) 半径が最も大きい惑星は，A〜Eのどれか。

[　　　　　]

(3) A〜Eのうち，地球型惑星に分類される惑星をすべて選びなさい。

[　　　　　]

惑星	公転周期 （年）	質量 （地球＝1）	密度 （g/cm^3）
地球	1.00	1.00	5.5
A	11.9	318	1.3
B	29.5	95	0.7
C	0.62	0.82	5.2
D	1.88	0.107	3.9
E	0.24	0.055	5.4

15 自然・科学技術と人間

Check! −基本問題−

解答 ➡ 別冊p.10

☐ に適する語句や数を書きなさい。

1 自然界のつり合い

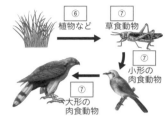

(1) ある地域に生息する生物と，それを取り巻く ① ☐ を１つのまとまりとしてとらえたものを ② ☐ という。

(2) ② の中の生物は，「食べる・食べられる」という関係で鎖のようにつながっており，このつながりを ③ ☐ という。② の生物全体では，この関係は網の目のようにつながっており，このつながりを ④ ☐ という。

(3) 植物は，太陽の光エネルギーを使って ⑤ ☐ を行っている。② において，植物などの，無機物から有機物をつくり出す生物を ⑥ ☐ という。

(4) ⑥ を食べることで，⑥ がつくり出した有機物を直接消費する草食動物や，草食動物を食べることで，⑥ がつくり出した有機物を間接的に消費する肉食動物を ⑦ ☐ という。

(5) ある物質が，生物をとり巻く環境よりも高い濃度で体内に蓄積されることを，⑧ ☐ という。分解できない，あるいは分解しにくい物質を体内にためた生物が，食物連鎖の中で次々に食べられていくと，⑧ が進行し，有害な物質の場合は，生物に悪影響をおよぼすことがある。

(6) 生態系には，生物の遺骸や排出物などの有機物を無機物にまで分解するはたらきにかかわる ⑨ ☐ がおり，これを特に ⑩ ☐ という。

(7) 落ち葉やくさった植物，動物の遺骸やふんなどを食べる，土の中の小動物は，⑪ ☐ である。また，土の中などにいる，肉眼で見ることができない微小な生物である ⑫ ☐ も，⑪ である。

2 自然と人間

(1) 窒素酸化物や硫黄酸化物，粉じんなどが大気中に排出されると，大気 ① ☐ が起こる。

✅ *復習メモ*

生物の数量的な関係

肉食動物 [消費者]
草食動物 [消費者]
植物など [生産者]

食べる生物より，食べられる生物のほうが多い。

[陸上]

ワシなど
小鳥など
昆虫など
植物

✅ *復習メモ*

炭素の循環

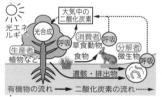

大気中の二酸化炭素
光エネルギー
光合成
生産者 植物など
消費者 草食動物
食物
呼吸
分解者 微生物
呼吸
遺骸・排出物
有機物の流れ　二酸化炭素の流れ

異なる生物も，密接に関係しあっているんだね。

(2) 大気中の窒素酸化物や硫黄酸化物が硝酸や硫酸になり、大量に雨に溶けこむと、強い酸性を示す②[　　　　　]になる。また、大気中の窒素酸化物は、太陽光の紫外線の影響で、有害な物質に変化し、③[　　　　　]の原因になる。

(3) 産業革命以降、大気中の温室効果ガスである二酸化炭素などの割合が増加し④[　　　　　]が起こっていると考えられている。

(4) 冷蔵庫などで使われていた⑤[　　　　　]は、大気の上空で紫外線によって分解され、塩素を生じる。塩素は、⑥[　　　　　]のオゾンの量を減少させる。

(5) 人間の活動によって他の地域から持ちこまれて野生化し、子孫を残すようになった生物を⑦[　　　　　]種(外来生物)、昔からその地域に生息していた生物を⑧[　　　　　]種(在来生物)という。

(6) 日本付近では、⑨[　　　　　]や火山活動が活発であり、台風などの気象現象による災害など、⑩[　　　　　]が多い。

3 科学技術と人間

(1) 天然素材でつくられた繊維を①[　　　　　]という。

(2) 化学的に合成、加工してつくられた繊維を②[　　　　　]という。

(3) 石油などを原料として人工的に合成された物質を
③[　　　　　](合成樹脂)という。

(4) エネルギー資源のうち、大昔に生きていた動植物の遺骸などの有機物が、数百万年から数億年の長い年月を経て変化したものを、④[　　　　　]とよぶ。

(5) 放射線を出す物質を放射性物質といい、放射性物質が放射線を出す性質(能力)を⑤[　　　　　]という。

(6) 放射線とは、原子から出る高速の粒子の流れや、X線やγ線などの⑥[　　　　　]の総称である。高速の粒子がヘリウムの原子核ならα線、電子ならβ線、中性子なら⑦[　　　　　]とよばれる。

(7) いつまでも利用でき、環境を汚すおそれが少ないエネルギーを、⑧[　　　　　]エネルギーという。

(8) ⑧エネルギーには、カーボンニュートラルな⑨[　　　　　]発電などがある。

(9) 環境の保全と開発のバランスがとれ、将来の世代が持続的に環境を利用する余地を残している社会を、⑩[　　　　　]な社会という。

復習編

15 自然・科学技術と人間

🔍 くわしく

温室効果

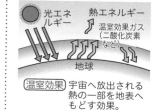

光エネルギー　熱エネルギー　温室効果ガス(二酸化炭素 など)　地球

[温室効果] 宇宙へ放出される熱の一部を地表へもどす効果。

🔍 くわしく

おもな発電方法

・水力発電…水の位置エネルギーを利用する。
・火力発電…化石燃料を燃焼させて発電機のタービンを回す。
・原子力発電…ウランなどが核分裂するときの核エネルギーを利用する。
・太陽光発電…光電池により光エネルギーを利用する。
・風力発電…自然の風により風車を回す。
・地熱発電…地下のマグマだまりの熱を利用する。
・バイオマス発電…バイオマス(生物体)の化学エネルギーを利用する。

✅ 復習メモ

放射線の種類

放射線を出す原子核

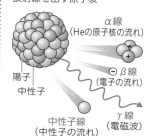

α線
(Heの原子核の流れ)

β線
(電子の流れ)

陽子
中性子

中性子線
(中性子の流れ)

γ線
(電磁波)

Try! −応用問題−

解答 ⇒ 別冊p.10

1 山林の土を採取し，右の図のような実験を行った。次の問いに答えなさい。

(1) 袋Aと袋Bでは，どちらが石灰水を白くにごらせるか。

　　　　［　　　　　　　　　］

(2) 袋Aと袋Bでは，2日後にブドウ糖が減っていると考えられるのは，どちらか。

　　　　［　　　　　　　　　］

(3) 袋Aと袋Bのちがいは何か。簡単に書きなさい。

　　［　　　　　　　　　　　　　　　　　　　　　　　　　］

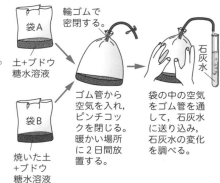

袋A

土+ブドウ糖水溶液

袋B

焼いた土+ブドウ糖水溶液

輪ゴムで密閉する。

ゴム管から空気を入れ，ピンチコックを閉じる。暖かい場所に2日間放置する。

袋の中の空気をゴム管を通して，石灰水に送り込み，石灰水の変化を調べる。

石灰水

2 地点A，Bで採取したマツの葉を顕微鏡で観察し，汚れている気孔の数（X）と汚れていない気孔の数（Y）と，その地点での1時間あたりの交通量を，右の表にまとめた。汚れの割合を $\dfrac{X}{X+Y}$ で求めるとき，次の問いに答えなさい。

	汚れている気孔の数（X）	汚れていない気孔の数（Y）	1時間あたりの交通量〔台〕
地点A	8	88	35
地点B	70	34	2400

(1) 汚れの割合が大きいのは地点A，Bのどちらか。記号で答えなさい。

　　　　　　　　　　　　　　　　　　　　　　　　　　　　［　　　　　　　］

(2) (1)のマツの葉の気孔の汚れの割合と，1時間あたりの交通量の関係から，空気の汚れの原因についてわかることを，簡単に書きなさい。

　　［　　　　　　　　　　　　　　　　　　　　　　　　　　　　　　　　　　　　　　］

3 右の図は，ある生態系の生物どうしの数量的な関係を表したものである。次の問いに答えなさい。

(1) 食べる・食べられるという関係のつながりのことを何というか。

　　　　　　　　　　　　　　　　　　　　　［　　　　　　　　　］

(2) 右の図のA，B，Cにあてはまる生物を，次のア〜ウより選び，記号で答えなさい。

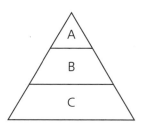

A

B

C

ア ミカヅキモ　　　**イ** メダカ　　　**ウ** ミジンコ
　　A［　　　　　］　B［　　　　　］　C［　　　　　］

(3) 自然界では，Cのような生物を何というか。

　　　　　　　　　　　　　　　　　　　　　　　　　　　　　［　　　　　　　　　］

(4) 図のCの数が減ると，A，Bの数はどう変化するか。

　　　　　　　　　　　　　　　　　　　　　　　　　　　［　　　　　　　　　　　］

(5) (4)の変化の後，Cの数はどう変化しますか。それによって，A，Bの数はどうなるか。

　　　　　　　　　　　　　　　　　　　　　　　　　　［　　　　　　　　　　　　　　］

4 化石燃料などの埋蔵量には限りがある。このため，化石燃料の使用を少なくするために，①木片や落ち葉などの繰り返し生産が可能な生物資源を，②発酵させてエタノールやメタンなどをつくる取り組みなどが行われている。次の問いに答えなさい。

(1) 下線部①のような生物資源を何というか。

[　　　　　　　　　]

(2) 下線部②のようなはたらきをする微生物は，自然界では分解者と呼ばれている。このようなはたらきをする微生物を，次の**ア〜エ**より選び，記号で答えなさい。
　ア ダンゴムシ　　**イ** 酵母菌　　**ウ** モグラ　　**エ** ヤスデ

[　　　　　　　　　]

5 次の問いに答えなさい。

(1) 次の①〜④の発電方法は，どのようなエネルギーを利用して発電しているか，答えなさい。
　① 火力発電　　② 水力発電　　③ 原子力発電　　④ 太陽光発電
　①[　　　　] ②[　　　　] ③[　　　　] ④[　　　　]

(2) (1)の①の火力発電に利用されるエネルギー資源を3つ答えなさい。

[　　　　][　　　　][　　　　]

(3) (2)のような，大昔の生物の有機物が変化した燃料を何というか。

[　　　　　　　　　]

(4) (3)の燃料を燃焼させると，二酸化炭素や窒素酸化物などが生じる。これらの物質によって起こると予想される環境問題を2つ答えなさい。

[　　　　　　][　　　　　　]

6 原子から出る高速の粒子の流れや電磁波である放射線について，次の問いに答えなさい。

(1) 自然界に存在する自然放射線のうち，α 線，β 線，中性子線は，どのような粒子の流れか。次の**ア〜エ**からそれぞれ選びなさい。
　ア 陽子　　**イ** 中性子　　**ウ** 電子　　**エ** 原子核
　α 線[　　　　] β 線[　　　　] 中性子線[　　　　]

(2) X線には透過性があり，医療分野では胸のX線撮影の検査で利用されている。X線の発見者の名前を答えなさい。

[　　　　　　　　　]

7 次の問いに答えなさい。

(1) 科学技術によって新たな資源が開発されたとしても，資源には限りがあるため，循環型社会を構築する必要がある。その実現のため，廃棄物を再利用する取り組みを，次の**ア〜ウ**から選びなさい。
　ア リサイクル　　**イ** リデュース　　**ウ** リユース

[　　　　　　　　　]

(2) バイオマスを利用しても，大気中の二酸化炭素の増加の原因にはならないという考えを何というか。

[　　　　　　　　　]

1 生物分野（植物のつくり）

ステップアップ学習

◎ 蒸散量の計算

例題 同じ大きさで，葉の大きさや数が同じ枝を3本用意し，Aは葉に何もぬらず，Bは葉の表側に，Cは葉の裏側にワセリンをぬった。これらの枝を右の図のような装置にさし，1時間後の水の減少量を調べ，下の表にまとめた。このとき，茎からの水の減少量を答えなさい。

枝	A	B	C
水の減少量〔cm³〕	18.7	14.3	5.9

解説 茎からの水の減少量を$x \text{cm}^3$とすると，葉の裏側からの減少量は$(14.3-x)\text{cm}^3$，葉の表側からの減少量は$(5.9-x)\text{cm}^3$となる。枝全体の減少量を等式で表すと，
$(14.3-x) + (5.9-x) + x = 18.7$ これを解いて，$x=1.5$〔cm³〕 …答

ポイント 茎からも蒸散されていることに注意する。$B + C - A = 14.3 + 5.9 - 18.7 = 1.5$でも求められる。

Challenge! −実戦問題−

解答 ➡ 別冊p.12

1 植物のはたらきを調べるために，実験を行った。あとの問いに答えなさい。　　　　〔和歌山県〕

「アジサイを使った実験」

（ⅰ）　葉の大きさや枚数，茎の太さや長さがほぼ同じアジサイを3本用意して，それぞれに**表1**のような処理を行い，アジサイA，B，Cとした。

（ⅱ）　同じ大きさの3本の試験管に，それぞれ同量の水と，処理したアジサイA〜Cを入れ，少量の油を注いで水面をおおった（**図1**）。

（ⅲ）　アジサイA〜Cの入った試験管の質量をそれぞれ測定し，明るく風通しのよい場所に一定時間置いた後，再びそれぞれの質量を測定した。

（ⅳ）　測定した質量から試験管内の水の減少量をそれぞれ求め，その結果をまとめた（**表2**）。

表1　処理のしかた

アジサイ	処理
A	葉の表側にワセリンをぬる
B	葉の裏側にワセリンをぬる
C	葉の表側と裏側にワセリンをぬる

アジサイA　アジサイB　アジサイC

図1　処理したアジサイと試験管

表2　結果

アジサイ	A	B	C
水の減少量〔g〕	4.8	2.6	1.1

(1) この実験について，植物のからだの表面から，水が水蒸気となって出ていくことを何というか，書きなさい。

〔　　　　　　　　　〕

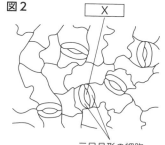

図2

三日月形の細胞
アジサイの葉の表皮を拡大した模式図

(2) 実験について，図2はアジサイの葉の表皮を拡大して模式的に表したものである。図2のXにあてはまる，2つの三日月形の細胞で囲まれたすきまの名称を書きなさい。

〔　　　　　　　　　〕

(3) 実験の(ⅱ)について，下線部の操作をしたのはなぜか，簡潔に書きなさい。

〔　　　　　　　　　　　　　　　　　　　　　　　　　　　　　　　〕

(4) 実験の(ⅰ)で用意したアジサイとほぼ同じものをもう1本用意し，葉のどこにもワセリンをぬらずに，実験の(ⅱ)～(ⅳ)と同じ条件で，同様の実験を行った場合，試験管内の水の減少量は何gになると考えられるか。表2を参考にして，最も適切なものを選んで記号を書きなさい。ただし，アジサイの茎からも水蒸気が出ていくものとする。

　ア　5.2g　　　イ　6.3g　　　ウ　7.4g　　　エ　8.5g

〔　　　　　　　〕

2 ある種子植物を用いて，植物が行う吸水のはたらきについて調べる実験を行った。あとの問いに答えなさい。　〔富山県〕

〈実験〉

㋐　葉の大きさや数，茎の太さや長さが等しい枝を4本準備した。

㋑　それぞれ，図のように処理して，水の入った試験管A～Dに入れた。

㋒　試験管A～Dの水面に油を1滴たらした。

㋓　試験管A～Dに一定の光を当て，10時間放置し，水の減少量を調べ，表にまとめた。

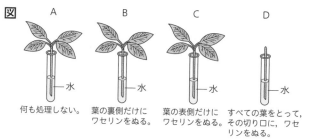

図
A　何も処理しない。
B　葉の裏側だけにワセリンをぬる。
C　葉の表側だけにワセリンをぬる。
D　すべての葉をとって，その切り口に，ワセリンをぬる。

表

試験管	A	B	C	D
水の減少量〔g〕	a	b	c	d

(1) 表中のdをa，b，cを使って表すと，どのような式になるか，書きなさい。

〔　　　　　　　　　　　　　　　　　　　　〕

(2) 10時間放置したとき，b＝7.0，c＝11.0，d＝2.0であった。Aの試験管の水が10.0g減るのにかかる時間は何時間か。小数第1位を四捨五入して整数で答えなさい。

〔　　　　　　　　　　　　　〕

(3) 種子植物の吸水について説明した次の文の空欄（　X　），（　Y　）に適切なことばを書きなさい。

・吸水の主な原動力となっているはたらきは（　X　）である。

・吸い上げられた水は，根，茎，葉の（　Y　）という管を通って，植物のからだ全体に運ばれる。

X〔　　　　　　　　　　〕　Y〔　　　　　　〕

2 化学分野（化学変化／水溶液の性質）

ステップアップ学習

◎マグネシウムの酸化と質量

例題 2.4gのマグネシウムの粉末をステンレスの皿に入れ，よくかき混ぜながら加熱したところ，加熱後の物質の質量が3.5gになった。このとき，酸素と結びつかずに残っているマグネシウムは何gと考えられますか。ただし，マグネシウムと酸素が結びつくときの質量比は，マグネシウム：酸素＝3：2とする。

解説 結びついた酸素の質量は，$3.5-2.4=1.1$〔g〕で，1.1gの酸素と結びつくマグネシウムの質量をxgとすると，$3：2=x：1.1$　となり，$x=1.65$　したがって，酸素と結びつかずに残っているマグネシウムは$2.4-1.65=0.75$〔g〕　…**答**

ポイント 増加分が結びついた酸素の質量であることと，金属と酸素が結びつくときの質量比は一定なことから，酸素と結びついた金属の質量を求める。

Challenge! −実戦問題−

解答 ➡ 別冊p.12

1 マグネシウムの粉末を空気中で燃焼し，酸化させたときの質量の変化を調べるために，実験を行った。あとの問いに答えなさい。　〔新潟県−改〕

マグネシウムの粉末
ステンレス皿

実験1　ステンレス皿にマグネシウムの粉末0.30gをのせて全体の質量を測定すると21.60gであった。図のようにマグネシウムの粉末を皿全体に広げ，しばらくガスバーナーで加熱したのち，よく冷やしてから，ステンレス皿全体の質量を測定した。この操作を，ステンレス皿全体の質量が変化しなくなるまで繰り返し，ステンレス皿全体の質量を測定したところ，21.80gであった。

実験2　実験1と同じ手順で，ステンレス皿に入れるマグネシウムの粉末の質量を，0.60g，0.90g，1.20gに変えて，ステンレス皿全体の質量を，それぞれ測定した。

下の表は，実験1，2の結果をまとめたものである。

マグネシウムの粉末の質量〔g〕	0.30	0.60	0.90	1.20
加熱前のステンレス皿全体の質量〔g〕	21.60	21.90	22.20	22.50
加熱後のステンレス皿全体の質量〔g〕	21.80	22.30	22.80	23.30

(1) 2.10gのマグネシウムの粉末を空気中で加熱して，完全に酸化させたとき，得られる酸化マグネシウムの質量は何gか，求めなさい。

〔　　　　　〕

(2) 8.40gのマグネシウムの粉末を，実験1，2と同じ質量のステンレス皿にのせて加熱し，冷めてからステンレス皿全体の質量を測定すると34.10gであった。酸素と結びついていないマグネシウムの粉末の質量は何gか，求めなさい。

〔　　　　　　　　　　　　　　〕

2 物質A〜Dは，砂糖，塩化ナトリウム，デンプン，水酸化ナトリウムのいずれかで，これらを見分けるため，次の実験を行った。あとの問いに答えなさい。
〔三重県〕

① 物質A〜Dを2gずつとり，ヨウ素液を2，3滴加えて色の変化を調べた。

② 物質A〜Dを2gずつとり，室温20℃で，別のビーカーに入った蒸留水20gに加えてよくかきまぜたときのようすを調べた。

③ ②で物質A〜Dを溶かしたそれぞれの液が，電流を通すかどうかを調べた。

④ ②で物質A〜Dを溶かしたそれぞれの液に，フェノールフタレイン溶液を加えたときの色の変化を調べた。

表1は，①〜④の結果をまとめたものである。

表1

	物質A	物質B	物質C	物質D
結果①	青紫色に変化した	変化しなかった	変化しなかった	変化しなかった
結果②	ほとんどとけなかった	とけた	とけた	とけた
結果③	通さなかった	通さなかった	通した	通した
結果④	変化しなかった	変化しなかった	赤色に変化した	変化しなかった

⑤ ④のあとの物質Cの水溶液に，うすい塩酸を5cm³ずつ加えたときの色の変化を調べ，表2にまとめた。

表2

加えたうすい塩酸の体積(cm³)	5	10	15	20
物質Cの液の色	赤色	無色	無色	無色

(1) 物質A，Cはそれぞれ何か。

A〔　　　　　　　　　　　〕　C〔　　　　　　　　　　　〕

(2) 次の文は，物質Bの水溶液が電流を通さなかったことについて説明したものである。文中の　　　　に入る最も適当な言葉は何か，漢字で書きなさい。

物質Bの水溶液が電流を通さなかったのは，物質Bが水に溶けても電離しないからである。物質Bのように，水にとけても電離せず，電流を通さない物質を　　　　という。

〔　　　　　　　　　　　　　　〕

(3) 物質Dが水に溶けて電離した陽イオンと陰イオンは何か，それぞれ化学式で書きなさい。

陽イオン〔　　　　　　　　　〕　陰イオン〔　　　　　　　　　〕

(4) ⑤で，加えたうすい塩酸の体積と水溶液中の水素イオンの量との関係，加えた塩酸の体積と水溶液中の塩化物イオンの量との関係を模式的に表しているグラフはそれぞれどれか。次のア〜エから最も適当なものを1つずつ選び，その記号を書きなさい。

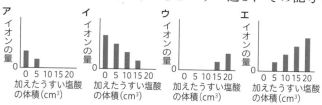

水素イオン

〔　　　　　　　　　　　　　　〕

塩化物イオン

〔　　　　　　　　　　　　　　〕

3 物理分野(オームの法則)

ステップアップ学習

◎ 回路に加わる電圧

例題 テレビやアイロンなどの家庭用電気製品を使用する際の電気配線は,並列回路,直列回路のどちらか。

解説 家庭内のコンセントにつながれる電気製品は,すべて並列に接続されている。日本のコンセントの電圧は100Vなので,並列に接続するすべての電気製品に100Vの電圧が加わる。そのため,接続する電気製品を同時に使うことができる。

並列回路 …答

ポイント 直列回路の回路全体の電圧の大きさは,回路の各部分に加わる電圧の和に等しく,並列回路の回路の各部分に加わる電圧は,回路全体の電圧の大きさに等しい。

Challenge! -実戦問題-

解答 ➡ 別冊p.13

1 表1は,3種類の抵抗器X～Zについて,それぞれの両端に加わる電圧と流れた電流をまとめたものである。抵抗器X～Zはオームの法則が成り立つものとして,次の問いに答えなさい。　〔兵庫県〕

(1) 抵抗器Xの抵抗の大きさは何Ωか,求めなさい。

[　　　　　　　]

(2) 図1のように,抵抗器XとZを用いて回路をつくり,電源装置で6.0Vの電圧を加えたとき,電流計が示す値は何Aか,求めなさい。

[　　　　　　　]

(3) 図2のように,抵抗器X～Zと2つのスイッチを用いて回路をつくった。ただし,図の ① ～ ③ には抵抗器X～Zのいずれかがつながれている。表2はスイッチ1,2のいずれか1つを入れ,電源装置で6.0Vの電圧を加えたときの電流計が示す値をまとめたものである。図2の ① ～ ③ につながれている抵抗器の組み合わせとして適切なものを,あとのア～カから1つ選んで,その記号を書きなさい。

ア	①X	②Y	③Z		イ	①X	②Z	③Y
ウ	①Y	②X	③Z		エ	①Y	②Z	③X
オ	①Z	②X	③Y		カ	①Z	②Y	③X

[　　　　　　　]

表1

抵抗器	電圧〔V〕	電流〔mA〕
X	3.0	750
Y	3.0	375
Z	3.0	150

図1

図2

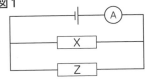

表2

	電流計の値〔mA〕
スイッチ1だけを入れる	250
スイッチ2だけを入れる	500

(4) 抵抗器X～Zと4つの端子A～Dを何本かの導線でつなぎ，箱の中に入れ，**図3**のような装置をつくった。この装置の端子A，Bと電源装置をつなぎ，6.0Vの電圧を加え電流の大きさを測定したのち，端子C，Dにつなぎかえ再び6.0Vの電圧を加え電流の大きさを測定すると，電流の大きさが3倍になることがわかった。このとき箱の中のつなぎ方を表した図として適切なものを，次の**ア～エ**から1つ選んで，その記号を書きなさい。

図3

端子A　端子C

端子B　端子D

【箱の中のつなぎ方の図】　▭は抵抗X～Zを，●は端子A～Dを表している。

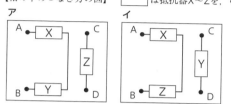

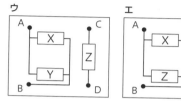

〔　　　　　〕

2 回路に流れる電流の大きさについて調べるため，6.0Vの電圧を加えると電流の大きさが1.5Aの電熱線Aと，発生する熱量が電熱線Aの$\frac{1}{3}$である電熱線Bを使って，次の実験1，2を行った。これに関して，あとの問いに答えなさい。ただし，各電熱線に流れる電流の大きさは，時間とともに変化しないものとする。

〔千葉県-改〕

実験1　**図1，2**のように，電熱線A，Bを用いて，直列回路と並列回路をつくった。それぞれの回路全体に加える電圧を6.0Vにし，回路に流れる電流の大きさと，電熱線Aに加わる電圧の大きさを測定した。その後，電圧計をつなぎかえ，電熱線Bに加わる電圧の大きさをそれぞれ測定した。

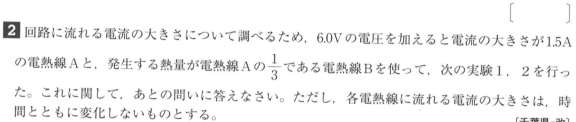

図1

図2

実験2　**図2**の回路の電熱線Bを，抵抗（電気抵抗）の値がわからない電熱線Cにかえた。その回路全体に加える電圧を5.0Vにし，回路に流れる電流の大きさと，それぞれの電熱線に加わる電圧の大きさを測定した。そのとき，電流計の目もりが示した電流の大きさは，1.5Aであった。

(1) 実験1で，消費電力が最大となる電熱線はどれか。また，消費電力が最小となる電熱線はどれか。次の**ア～エ**のうちから最も適当なものをそれぞれ1つずつ選び，その記号を書きなさい。

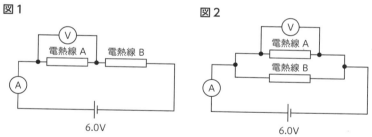

ア　図1の回路の電熱線A　　　**イ**　図1の回路の電熱線B
ウ　図2の回路の電熱線A　　　**エ**　図2の回路の電熱線B

最大〔　　　　　〕　最小〔　　　　　〕

(2) 実験2で，電熱線Cの抵抗（電気抵抗）の値は何Ωか，求めなさい。

〔　　　　　〕

4 地学分野（前線と天気の変化）

ステップアップ学習

◎気象観測結果の読み取り

例題 図は，ある地点における気温と湿度の観測結果をグラフにしたものである。観測地点を温暖前線と寒冷前線が通過したのは，それぞれ何時から何時の間と考えられるか。理由とともに答えなさい。

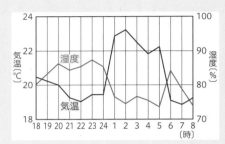

解説 温暖前線が通過すると，地表付近は暖気におおわれるため，気温が急激に上がる。一方，寒冷前線が通過すると，地表付近は寒気におおわれるため，気温が急激に下がる。

温暖前線：急激に気温が上がっているので24時から1時の間
寒冷前線：急激に気温が下がっているので5時から6時の間 …**答**

ポイント 北半球（日本付近）では，温暖前線は低気圧の中心から南東にのび，寒冷前線は南西にのびる。このため，先に温暖前線，後から寒冷前線が通過する。

Challenge! −実戦問題−

解答 ➡ 別冊p.14

1 図1は，3月のある日の午前9時における日本付近の気圧配置を示したものである。図2は，図1のA−B間における前線および前線面の断面を表した模式図である。このことについて，あとの問いに答えなさい。 〔栃木県〕

(1) 図1の地点Wでは，天気は雪，風向は南東，風力は3であった。このときの天気の記号として最も適切なのはどれか。

ア イ ウ エ [   ]

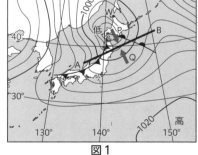

図1

(2) 次の文中の①〜③について，正しい方をそれぞれ選びなさい。

図2は，図1のA−B間の断面を①（P・Q）の方から見たもので，前線面上の [   ] の辺りでは，寒気と暖気の境界面で②（強い・弱い）上昇気流が生じ，③（乱層雲・積乱雲）ができる。

①[   ] ②[   ] ③[   ]

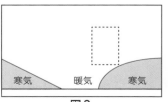

図2

(3) 図3は，図1と同じ日に観測された，ある地点における気温，湿度，風向のデータをまとめたものである。この地点を寒冷前線が通過したと考えられる時間帯はどれか。またそのように判断できる理由を，気温と風向に着目して簡潔に書きなさい。

 ア 0時～3時
 イ 6時～9時
 ウ 12時～15時
 エ 18時～21時

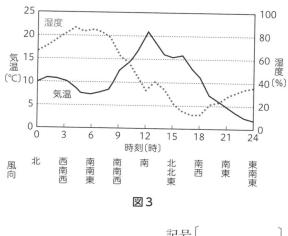

図3

記号[   ]

理由[   ]

2 優子さんは，日本付近の大気の動きについて，天気図を使って調べた。図は，ある都市の1月25日，1月26日，1月27日の午前9時の，それぞれの天気図である。また，A地点は，熊本県内の同一地点を示している。これについて，あとの問いに答えなさい。

〔熊本県〕

1月25日午前9時

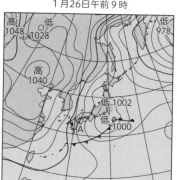

1月26日午前9時

1月27日午前9時

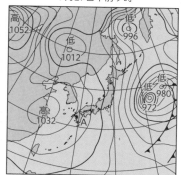

(1) 図の1月25日から27日のA地点において，午前9時の風が最も強いと考えられるのは，
 1月 ①（**ア** 25日 **イ** 26日 **ウ** 27日）であり，気圧が最も高いと考えられるのは，
 ②（**ア** 25日 **イ** 26日 **ウ** 27日）である。
 ①，②の（ ）の中からそれぞれ正しいものを1つずつ選び，記号で答えなさい。

①[   ] ②[   ]

(2) 図の1月25日から27日のように，冬の日本付近では，太平洋上で低気圧が，ユーラシア大陸上で高気圧が発達することが多い。ユーラシア大陸上で高気圧が発達する理由を，太陽が当たらない場所での砂と水の温度の下がり方の違いをふまえて，密度と下降気流という2つの語を用いて書きなさい。

[   ]

5 分野融合問題①

1 太郎さんと先生が，タマネギの根の成長について話している。次の会話を読んで，あとの問い
に答えなさい。　　　　　　　　　　　　　　　　　　　　　　　　　　　　　　　　　〔茨城県〕

太郎：先生，タマネギの根はどのようにしてのびるのでしょうか。

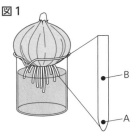

図1

先生：よい質問ですね。それでは顕微鏡を用いて，実際に根の先端部
　　　分(**図1**の**A**)の細胞を観察してみましょう。

太郎：細胞が重なり合ってしまってよく見えません。

先生：根をうすい塩酸にひたして，あたためましたか。そうすること
　　　で，観察しやすくなりますよ。

太郎：あ，忘れていました。

先生：では，正しい手順でもう一度観察してみてください。

太郎：よく見えました。うすい塩酸にひたしてあたためる理由は，　あ　，細胞を見やすくす
　　　るためなのですね。ところで，塩酸はどのような液体なのですか。

先生：塩酸は，塩化水素の水溶液で，胃液にも含まれています。塩化水素は水に　い　，空気
　　　よりも密度が　う　という性質があります。このような性質をもつ気体の集め方は何が
　　　適当でしょうか。

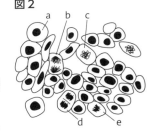

図2

太郎：　え　法で集めるとよいと思います。

先生：その通りですね。細胞のようすのスケッチはできましたか。

太郎：はい。核が変化した細胞がたくさん観察できました(**図2**)。

先生：太郎さんのスケッチにある特徴的な細胞に記号を付けました(**図
　　　2**)。細胞は，どのような順番で分裂しますか。

太郎：**a**→　お　です。ということは，細胞分裂で細胞の数がふえる
　　　ことによって根が成長するのですね。

(1) 文中の　あ　にあてはまる内容を書きなさい。

[　　]

(2) 文中の　い　，　う　にあてはまる語の組み合わせとして正しいものを，次の**ア〜エ**から1
　　つ選びなさい。また，　え　にあてはまる気体の集め方を書きなさい。

	い	う		い	う
ア	溶けやすく	大きい	**イ**	溶けやすく	小さい
ウ	溶けにくく	大きい	**エ**	溶けにくく	小さい

記号[　　　　　　　] 気体の集め方[　　　　　　　　　]

(3) 文中の　お　にあてはまる正しい細胞分裂の順番を，**a**に続けて記号で書きなさい。

[**a**

2 はるなさんは，火山の活動に興味をもち，火山と火山噴出物のもとになるマグマの性質との関係についてノートにまとめた。これについて，あとの問いに答えなさい。

〔三重県-改〕

① 火山とマグマのねばりけについて

図1は，火山の形を模式的に表したもので，火山の形や噴火のようすは，マグマのねばりけによって異なり，ねばりけはマグマにふくまれる成分によって異なる。

図1
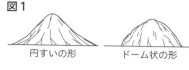
円すいの形　　ドーム状の形

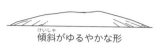
傾斜がゆるやかな形

② 火山噴出物の火山灰について

標本の火山灰を，双眼実体顕微鏡を用いて観察し，**図2**のように表した。

図2
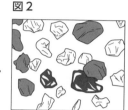

③ 火成岩の色とつくりについて

図3は，マグマが冷え固まってできた火成岩の標本A〜Dをスケッチしたもので，わかったことを**表**にまとめた。標本A〜Dは，花こう岩，玄武岩，斑れい岩，流紋岩のいずれかである。

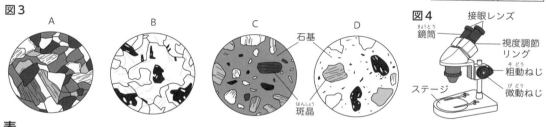

図3
A　　B　　C　　D

石基

斑晶

図4
接眼レンズ
鏡筒
視度調節リング
粗動ねじ
ステージ
微動ねじ

表

火成岩	岩石の色	岩石のつくり
A	黒っぽい	肉眼でも見分けられるぐらいの大きさの鉱物のみが合わさってできている。
B	白っぽい	
C	黒っぽい	肉眼でも見える比較的大きな鉱物である斑晶が，肉眼では形がわからないような細かい粒などでできた石基に囲まれてできている。
D	白っぽい	

(1) **図4**のような双眼実体顕微鏡で観察するとき，どのような順序で使うか。次の**ア**〜**エ**を正しい順に左から並べて記号で書きなさい。　　〔　　　　　　　〕

　ア　鏡筒を支えながら，粗動ねじを回して観察物の大きさに合わせて鏡筒を固定する。

　イ　左目でのぞきながら，視度調節リングを回して像のピントを合わせる。

　ウ　左右の鏡筒を調節し，接眼レンズの幅を目の幅に合わせる。

　エ　右目でのぞきながら，微動ねじを回して像のピントを合わせる。

(2) 火成岩Aについて，火成岩Bよりもふくむ割合が大きい鉱物はどれか，次の**ア**〜**エ**から適当なものをすべて選び，その記号を書きなさい。

　ア　カンラン石　　**イ**　キ石　　**ウ**　クロウンモ　　**エ**　セキエイ

〔　　　　　　　〕

(3) 火成岩C，Dについて，斑晶が肉眼でも見える比較的大きな鉱物になったのは，マグマがどのように冷やされたからか，鉱物が大きくなったときの「地表からの深さ」と「時間の長さ」にふれて，簡潔に書きなさい。

〔　　　　　　　　　　　　　　　　　　　　　〕

6 分野融合問題②

Challenge! －実戦問題－

解答 ⇒ 別冊p.15

1 科学部の太郎さんと顧問の先生が, 地球環境について話している。次の会話を読んで, あとの問いに答えなさい。　〔茨城県〕

太郎：近年,「地球温暖化」という言葉をよく聞きます。その原因は二酸化炭素などの温室効果ガスが大気中に増えてきているからだといわれています。

先生：大気中の二酸化炭素の濃度はなぜ高くなってきているのでしょうか。

太郎：それは, a石炭や石油, 天然ガスなど太古の生物の死がいが変化してできた　あ　燃料が大量に燃やされているからだと思います。

先生：それも原因の一つと考えられていますね。地球温暖化で環境が変わると, b生態系ピラミッドのつり合いがもとに戻らないことがあります。他に何か原因は考えられますか。

太郎：大規模な開発によって, 熱帯雨林が伐採されています。植物には二酸化炭素を吸収して使うしくみがあるので, 伐採量が多くなると二酸化炭素の吸収が減って, 更に二酸化炭素が増加し, ますます地球温暖化が進みます。一方で, 熱帯雨林では植物の体は大量の風雨にさらされますが, c植物の体には風雨に耐えるしくみが備わっていて, 簡単に倒れたりしません。そうして, 熱帯雨林の環境が保たれているのだと思います。

(1) 下線部 a の　あ　にあてはまる内容を書きなさい。

[　　　　　　　　　]

(2) 次の化学反応式は, 下線部 a の　あ　燃料にふくまれる炭素が完全燃焼する反応を表したものである。化学反応式中の　い　, 　う　にあてはまる化学式を書きなさい。

$$C + \boxed{い} \rightarrow \boxed{う}$$

い[　　　　　　] う[　　　　　　]

(3) 下線部 b について, 適当でないものを, 次の**ア**〜**エ**から1つ選びなさい。

ア 無機物から有機物を作り出す生物を生産者といい, 水中では植物プランクトンがおもな生産者であり, 通常, 数量が最も多い。

イ 生態系の生物は, 食べる・食べられるという関係でつながっている。このような関係を食物連鎖といい, 通常, 食べる生物よりも食べられる生物の方の数量が多い。

ウ 1つの生態系に着目したとき, 上位の消費者は下位の消費者が取り込んだ有機物のすべてを利用している。

エ 土の中の生態系では, モグラは上位の消費者で, ミミズは下位の消費者であり分解者でもある。

[　　　　　]

(4) 下線部 c について, 体を支えるのに役立っている部分として正しいものを, 図の**ア**〜**エ**から1つ選びなさい。

[　　　　　]

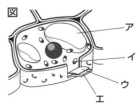

※植物の細胞を表している。

2 次は，守さんの学校で秋に行われた交通安全教室で配布された資料の一部である。守さんは資料の内容の下線部について興味をもった。あとの問いに答えなさい。

〔秋田県〕

【資料】…運転手が a 危険を感じてからブレーキを踏むまでに時間がかかるなどの理由で，車は急に止まれない。また，暗い時間帯は歩行者が見えにくくなる。これから b 冬に近づくと，日の出は遅く日の入りは早くなるので，運転手も注意が必要である。…

(1) 下線部 a について，課題 I を設定して実験 I を行った。

【課題 I 】刺激に対して反応する時間は，どのくらいか。

【実験 I 】9人の生徒が輪になり手をつないだ。次に，図1のように，守さんは右手にストップウォッチを持ち，恵さんに右手首をにぎらせた。そして，守さんは左手で広子さんの右手をにぎると同時にストップウォッチをスタートさせた。右手をにぎられた人はすぐに左手でとなりの人の右手をにぎっていき，最後に，守さんは自分の右手首をにぎられたらすぐにストップウォッチを止めた。この実験を3回行ったところ，かかった時間はそれぞれ，2.52秒，2.61秒，2.16秒という結果になった。3回の結果をもとに平均値を求めた上で，c 手をにぎられてから反応するまでにかかった1人あたりの時間を計算した。

図1

恵さん
守さん
広子さん

① 次のうち，「手をにぎられた」という圧力の刺激を受けとる感覚器官を，1つ選んで記号を書きなさい。

ア 目　　イ 鼻　　ウ 耳　　エ 舌　　オ 皮膚

[　　　　　]

② 下線部 c は何秒か，求めなさい。

[　　　　　]

(2) 下線部 b について，課題 II を設定して仮説を検証するための方法を考えた。

【課題 II 】夜の長さは，夏と冬で異なるのか。

【仮説】秋田県の北緯40°，東経140°の地点では，冬の方が夏よりも夜の長さが長いのではないか。

【方法】図2のように，太陽に見立てた光源と，地軸の傾きが同じ方向になるように地球儀A，Bを置き，d 地球の公転のモデルをつくる。地球儀A，Bをそれぞれ秋田県が真夜中になるようにして考えるとき，（ X ）について，光源の光が当たっていない部分の長さを比べ，地球儀（ Y ）の方が長ければ，仮説は正しいといえる。

図2

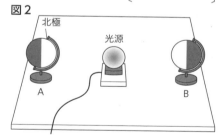

北極
光源
A
B

① 下線部 d によって生じる天体の見かけの動きを何というか，書きなさい。

[　　　　　]

② この方法で行う実験で，どのような結果が得られれば仮説が正しいといえるか。X には「北緯40°の緯線」か「東経140°の経線」のいずれかを，Y には「A」か「B」のいずれかを，それぞれ書きなさい。

X [　　　　　] Y [　　　　　]

総合テスト

点 /100

1 次の問いに答えなさい。

[5点×4]

(1) 図1は，音さXをたたいて出た音をオシロスコープで表した波形で，Aは1回の振動にかかる時間，Bは振幅を表している。音さYをたたいて出た音は，図1で表された音よりも高くて大きかった。図1とくらべた波形の違いを，次のア～エから1つ選びなさい。〔東京都〕　　　[　　　　]

ア　Aは短く，Bは大きい。　　　イ　Aは短く，Bは小さい。
ウ　Aは長く，Bは大きい。　　　エ　Aは長く，Bは小さい。

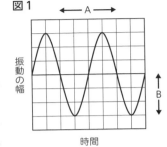

図1

(2) 体温をほぼ一定に保つことができる動物を，次のア～カからすべて選びなさい。〔北海道〕　　　[　　　　]

ア　メダカ　　　イ　ハト　　　ウ　ミミズ
エ　ウサギ　　　オ　イカ　　　カ　トカゲ

(3) 体積が異なり，空洞のない3つの球状の金属のかたまりがあり，それぞれ単体の金，銀，銅でできている。この中から金でできたかたまりを見分ける方法を，次のア～エから1つ選びなさい。〔新潟県〕　　　[　　　　]

ア　重さの違いを調べる。　　　　　　イ　液体の水銀に浮くか沈むかを調べる。
ウ　電流が流れるかどうかを調べる。　エ　磁石にくっつくかどうかを調べる。

(4) 図2のように，ある日の午後9時にカシオペヤ座がXの位置に見えた。この日に，カシオペヤ座がYの位置に見える時刻を，次のア～エから1つ選びなさい。〔岩手県〕　　　[　　　　]

ア　午後7時　　　イ　午後8時
ウ　午後10時　　エ　午後11時

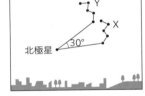

図2

2 図1のように，コイル，抵抗器R_1，スイッチを電源装置につないだ回路をつくり，U字型磁石を設置した。スイッチを入れるとコイルは矢印（→）の方向に動いて止まった。また，回路の一部の導線を外して電圧計と電流計をつないだところ，6.0Vと2.0Aであった。次に，抵抗器R_1を5.0Ωの抵抗器R_2にかえて，電源装置の電圧を変えずにスイッチを入れて電流を流し，コイルが動くようすを調べた。これについて，あとの問いに答えなさい。　　　〔千葉県-改〕[4点×3]

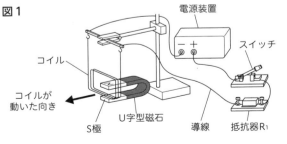

図1

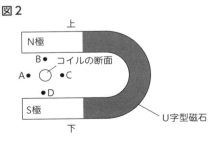

図2

(1) 図2はスイッチを入れる前のU字型磁石とコイルの断面を横から見たものである。コイルに電流を流したとき，電流によってできる磁界の向きが，U字型磁石の磁界の向きと逆になる点として最も適当なものを，図2のA～Dから1つ選び，記号で答えなさい。[　　　　]

76

(2) 抵抗器を R_2 にかえたとき，コイルの動く向きと幅は，抵抗器 R_1 のときと比べてどのように変化したか，それぞれ書きなさい。ただし，変化しなかった場合は変化なしと書くこと。

向き [　　　　　　　　　　　　　　]

幅 [　　　　　　　　　　　　　　]

3 智美さんは，メンデルが行ったエンドウを材料とした研究について調べ，次のようにまとめた。あとの問いに答えなさい。ただし，エンドウの種子を丸くする遺伝子を A，しわにする遺伝子を a とする。

〔宮崎県-改〕[4点×3]

① 図のように，丸い種子をつくる純系としわのある種子をつくる純系の種子をまいて育て，さいた花をかけ合わせると，子はすべて丸い種子であった。

② ①でできた種子をまいて育て，自家受粉をさせたところ，丸い種子としわのある種子が 3：1 の比で現れた。

③ 遺伝子の組み合わせが，親の丸い種子では AA となっており，しわのある種子では aa となっていると考えると，親から孫への遺伝子の伝わり方には規則性があることがわかる。

図

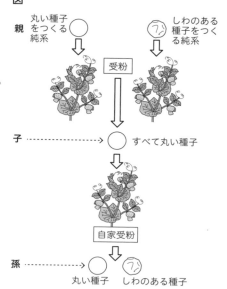

親 丸い種子をつくる純系　しわのある種子をつくる純系

受粉

子 ┄┄┄┄→ ○ すべて丸い種子

自家受粉

孫 ┄┄┄┄→ 丸い種子　しわのある種子

(1) 生殖細胞の花粉や卵細胞がつくられるとき，対になっている遺伝子が染色体とともに移動し，それぞれが別々の生殖細胞に入ることを，何の法則というか，答えなさい。 [　　　　　　　　　]

(2) 図に関して，子の代の遺伝子の組み合わせを，遺伝子の記号を用いて答えなさい。

[　　　　　　　　　]

(3) 孫として得られた丸い種子の中から 1 つ選んだ。このとき，選んだ種子が純系であると言えるためには，選んだ種子をまいて育てた後，どのようなかけ合わせを行い，どのような形質が現れればよいか，簡潔に書きなさい。

[　　　　　　　　　　　　　　　　　　　　　　　　　]

4 〈実験〉を行ったところ，〈結果〉のようになった。あとの問いに答えなさい。〔東京都-改〕[4点×3]

〈実験〉

① 図 1 のように，20℃ の精製水 100g を入れたビーカーを 4 個用意し，それぞれのビーカーに物質 A〜D を 20g ずつ入れ，よくかき混ぜて溶けるかどうかを調べた。

図1

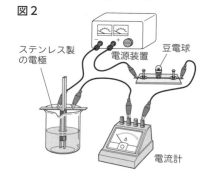

物質　ガラス棒

精製水（蒸留水）を入れたビーカー

② 図 2 のように，ステンレス製の電極，電源装置，豆電球，電流計をつないで回路をつくり，①のビーカーの中に，精製水（蒸留水）で洗った電極を入れ，電流が流れるかどうかを調べた。

図2

ステンレス製の電極　電源装置　豆電球

電流計

総合テスト

③ 塩化ナトリウム，ショ糖(砂糖)，炭酸水素ナトリウム，ミョウバンの水100gに対する溶解度を図書館で調べた。

〈結果〉

①，②の結果は**表1**，③の調べた結果は**表2**のようになった。

表1

	物質A	物質B	物質C	物質D
20℃の精製水(蒸留水)100gに溶けるかどうか	一部が溶けずに残った	一部が溶けずに残った	全て溶けた	全て溶けた
電流が流れるかどうか	流れた	流れた	流れた	流れなかった

表2

水の温度〔℃〕	塩化ナトリウムの質量〔g〕	ショ糖(砂糖)の質量〔g〕	炭酸水素ナトリウムの質量〔g〕	ミョウバンの質量〔g〕
0	35.6	179.2	6.9	5.7
20	35.8	203.9	9.6	11.4
40	36.3	238.1	12.7	23.8
60	37.1	287.3	16.4	57.4

(1) 物質A〜Dは，③で調べた物質のいずれかである。物質Cを水に溶かしたときの電離のようすを，化学式を使って書きなさい。

[　　　　　　　　　　　　　　　　　　　　　　　　　　　　　　]

(2) ①で，物質の一部が溶け残った水溶液を40℃まで加熱したとき，一方はすべて溶けた。すべて溶けた方の水溶液を水溶液Pとするとき，水溶液Pの溶質の名称を書きなさい。また，40℃まで加熱した水溶液P 120gを20℃に冷やしたとき，取り出すことのできる結晶の質量を求めなさい。　　　　　溶質の名称[　　　　　　　]　結晶の質量[　　　　　　]

5 日本で発生したある地震について，資料を集めて考察した。これについて，あとの問いに答えなさい。ただし，地震の波は一定の速さで伝わるものとする。　　　　　〔岩手県〕[5点×4]

資料① 右の文は，気象庁のWebページに掲載されていた地震に関する情報の一部である。

資料② 下の表は，資料①の地震における観測地点A〜Dにおける地震の観測結果をまとめたものである。

> 9時28分ころ，地震がありました。震源の深さは約24km，地震の規模(マグニチュード)は3.3と推定されます。

(1) プレートに力がはたらき，地下の岩盤(岩石)が破壊されてずれが生じ，その場所を震源とした地震が発生することがある。このずれを何というか，ことばで書きなさい。

[　　　　　　　　　　]

観測地点	震源からの距離	初期微動が始まった時刻	主要動が始まった時刻
A	48km	9時28分41秒	9時28分47秒
B	40km	9時28分40秒	9時28分45秒
C	48km	9時28分41秒	9時28分47秒
D	64km	9時28分43秒	9時28分51秒

(2) 地震が発生すると資料①のような情報が発表される。マグニチュードについて正しく述べているものを，次のア〜エから1つ選び，記号で答えなさい。　　　[　　　　]

　ア　震源が深いほど，マグニチュードが大きい。

　イ　同じ地震でも，観測地点によってマグニチュードの大きさが異なる。

　ウ　マグニチュード6の地震で放出されるエネルギーは，マグニチュード3の地震の2倍である。

　エ　震源がほぼ同じならば，マグニチュードの大きい地震の方が広い範囲でゆれが観測される。

(3) 資料②の観測地点**A〜D**のうち、初期微動継続時間が最も長い地点を1つ選び、記号で答えなさい。また、その地点の初期微動継続時間は何秒か、数字で書きなさい。

地点 [   ] 初期微動継続時間 [秒]

6 純さんは、生活日誌に書きとめた疑問を次のようにノートに整理し、資料を調べたり、実験を行ったりした。あとの問いに答えなさい。 〔秋田県〕［4点×6］

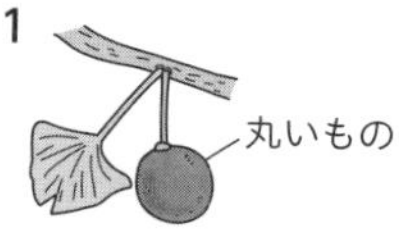

【10/27】 イチョウの木に、**図1**のような黄色く色づいた丸いものが見えた。この a 丸いものは何なのか疑問に思った。

図1

丸いもの

【11/1】 寒くなり、朝、温かい化学かいろを学校に持っていったが、夕方には冷たくなっていた。b 化学かいろが一度しか使えないのはなぜなのか疑問に思った。

(1) 最初に、下線部 a の疑問を解決するため、資料を調べて次のようにまとめた。
・イチョウは胚珠が（ **P** ）に包まれていないので、c 裸子植物に分類される。

図2

胚珠

丸いもの

・**図2**のように、イチョウの胚珠は受粉して成長すると丸いものになる。したがって、丸いものはイチョウの（ **Q** ）である。

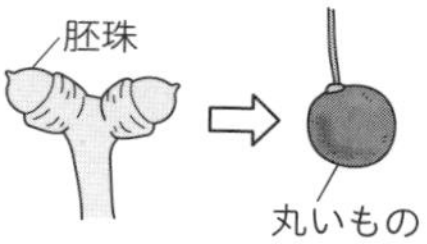

① **P**，**Q**にあてはまる語句を、次からそれぞれ1つずつ選んで記号を書きなさい。（完答）

ア 果実　　**イ** 花弁　　**ウ** 子房　　**エ** 種子　　**オ** 胞子

P [   ] Q [   ]

② 次のうちで、下線部 c に分類される植物はどれか。1つ選んで記号を書きなさい。

ア マツ　　**イ** イネ　　**ウ** サクラ　　**エ** アブラナ

[   ]

(2) 次に、下線部 b について解決するため、実験を行った。

【実験】 **図3**のように、ビーカーに鉄粉8gと活性炭4gを入れ、d 5％食塩水を加えて、ガラス棒でかき混ぜながら5分ごとに温度を調べた。**図4**は、このときの結果を表したものである。

図3

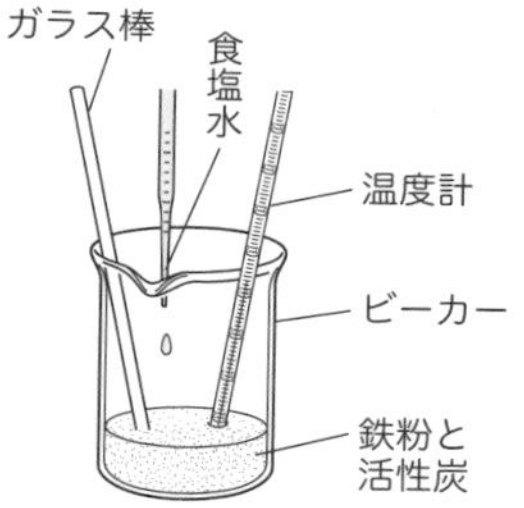

ガラス棒
食塩水
温度計
ビーカー
鉄粉と活性炭

図4

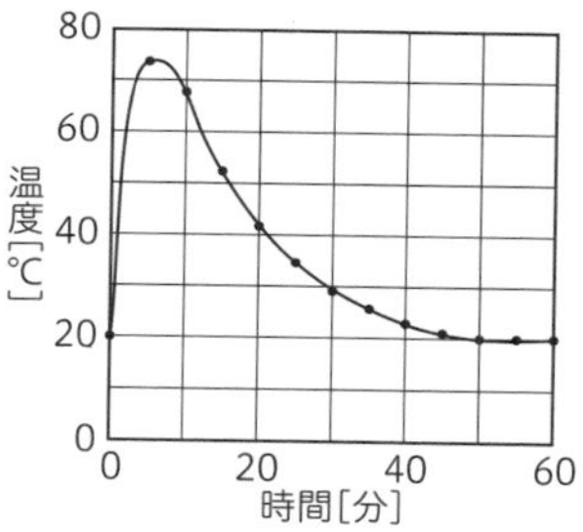

① 純さんは、下線部 d を40gつくった。このとき、何gの水に何gの食塩を溶かしたか。それぞれ求めて、解答欄にしたがって書きなさい。（完答）

[   ] gの水に [   ] gの食塩を溶かした。

② **図4**のように化学変化が起こるときに温度が上がる反応を何というか、書きなさい。

[   ]

③ 下線部 b について、純さんは次のように考えた。純さんの考えが正しくなるように、**R**，**S**にあてはまる数値や語句を、下の**ア〜オ**からそれぞれ1つずつ選んで記号を書きなさい。

　図4を見ると、（ **R** ）分から温度が変化しなくなることがわかります。このときすでに化学変化は終わっていると考えられます。化学変化が終わったのは、酸素や水と反応できる（ **S** ）がなくなったからではないかと考えました。だから、化学かいろは一度しか使えないのだと思います。

ア 10　　**イ** 30　　**ウ** 50　　**エ** 炭素　　**オ** 鉄

R [   ] S [   ]

初版
第1刷 2021年12月1日 発行

●編 者
　数研出版編集部
●カバー・表紙デザイン
　有限会社アーク・ビジュアル・ワークス

発行者　星野 泰也
ISBN978-4-410-15184-2

チャート式®シリーズ　中学理科　総仕上げ

発行所　数研出版株式会社　　〒101-0052 東京都千代田区神田小川町2丁目3番地3
　　　　　　　　　　　　　　　　　　　　　〔振替〕00140-4-118431
　　　　　　　　　　　　　　〒604-0861 京都市中京区烏丸通竹屋町上る大倉町205番地
本書の一部または全部を許可なく　〔電話〕代表 (075)231-0161
複写・複製することおよび本書の　ホームページ https://www.chart.co.jp
解説・解答書を無断で作成するこ　印刷　創栄図書印刷株式会社
とを禁じます。　　　　　　　　　　乱丁本・落丁本はお取り替えいたします　211001

解答と解説

復習編

1 いろいろな生物とその共通点

Check!　　　　　　　　　　　　　　　　本冊 ➡ p.4

1 ① 花弁　② 子房　③ 果実　④ 胚珠　⑤ 種子
　　⑥ やく　⑦ 花粉　⑧ 被子植物

2 ① 花粉のう　② 裸子植物
　　③ 種子植物

3 ① 双子葉類　② 単子葉類　③ 網状脈(網目状)
　　④ 主根　⑤ 平行脈(平行)　⑥ ひげ根
　　⑦ 合弁花類　⑧ 離弁花類　⑨ 胞子
　　⑩ シダ植物　⑪ コケ植物　⑫ ある　⑬ なく
　　⑭ 仮根

4 ① セキツイ動物　② ホニュウ
　　③ 無セキツイ動物　④ 卵生　⑤ 胎生
　　⑥ 節足動物　⑦ 昆虫類　⑧ 甲殻類
　　⑨ 外とう膜　⑩ 軟体動物

Try!　　　　　　　　　　　　　　　　本冊 ➡ p.6

1 (1) A (めしべの)柱頭　B (おしべの)やく
　　　C 子房　D 胚珠
　(2) ア　(3) ウ：D　エ：B
　(4) サクラ：被子植物　マツ：裸子植物
　(5) 種子植物

2 (1)① 側根　② ひげ根　③ 維管束
　(2) A 双子葉類　B 単子葉類

3 (1) シダ植物　(2) A 胞子　B 胞子のう
　(3) イ, ウ, エ

4 (1) 裸子植物　(2) 花弁のつき方

5 (1) アジ　(2) イモリ　(3) ペンギン, クマ
　(4) クマ

6 (1) イカ　(2) 軟体動物
　(3) トカゲ　(4) 親が卵や子を育てるから。
　(5) 親が子を体内である程度育ててからうむ。

解説

1 (3) 雌花(ア)のりん片には胚珠(ウ)があり, 雄花
　　　(イ)のりん片には花粉のう(エ)がある。

3 イヌワラビはシダ植物, ゼニゴケはコケ植物であ
　　り, どちらも胞子でふえる。コケ植物の特徴は,

①根・茎・葉の区別がない, ②維管束がない, ③
からだの表面から水分を吸収するなどがある。

6 (1)(2) 内臓が外とう膜でおおわれている動物は,
　　　無セキツイ動物の軟体動物である。
　(3) ハチュウ類がうむ卵は, 乾燥にたえられるよう
　　　になっている。

2 生物のからだのつくりとはたらき

Check!　　　　　　　　　　　　　　　本冊 ➡ p.8

1 ① 核　② 酢酸カーミン(溶)液　③ 単細胞生物
　　④ 多細胞生物　⑤ 組織　⑥ 器官

2 ① 水　② デンプン　③ 光合成　④ 葉緑体
　　⑤ 呼吸　⑥ 道管　⑦ 師管
　　⑧ 維管束　⑨ 気孔　⑩ 蒸散　⑪ 根毛

3 ① アミラーゼ　② ブドウ糖　③ アミノ酸
　　④ 脂肪酸　⑤ 肺胞　⑥ 動脈　⑦ 静脈
　　⑧ じん臓　⑨ 感覚器官　⑩ 視覚　⑪ 聴覚
　　⑫ 中枢神経　⑬ 末しょう神経　⑭ 感覚神経
　　⑮ 運動神経　⑯ 反射

Try!　　　　　　　　　　　　　　　　本冊 ➡ p.10

1 (1) 気孔　(2) 蒸散
　(3) 表面：5.8cm³　裏面：15.5cm³　茎：2.0cm³
　(4) a 道管　b 師管　(5) a
　(6) 葉の裏面

2 (1) A 青色　B 黄色　C 緑色
　(2) A 光合成　B 呼吸
　(3) 葉緑体　(4) デンプン　(5) 光

3 (1) 麦芽糖(ブドウ糖が2, 3個つながったもの)
　(2) (沸騰石を入れて)加熱する。
　(3) アミラーゼ　(4) ブドウ糖
　(5) ウ, エ　(6)① 小腸　② 柔毛　③ 毛細血管

4 (1) 感覚神経　(2) 0.22秒

解説

1 (3) 蒸散できる部分は右の表
　　　の通りである。
　　　表面からの蒸散量は, Aと
　　　Bの差なので,
　　　23.3−17.5＝5.8[cm³]。

	A	B	C
表	○	×	○
裏	○	○	×
茎	○	○	○

同様に，裏面はＡとＣの差なので，$23.3-7.8$ $=15.5〔cm^3〕$。茎は $23.3-(15.5+5.8)=2.0$ $〔cm^3〕$とわかる。

2 (1)(2) BTB溶液を加えた水の色は，オオカナダモが光合成を行える試験管Ａでは，水に溶けている二酸化炭素が吸収されたために減って青色，呼吸のみを行っている試験管Ｂでは二酸化炭素が増加して黄色，オオカナダモのない試験管Ｃでは緑色のままになる。

3 (1) ヨウ素液はデンプンに反応すると青紫色，ベネジクト液は加えた後に加熱すると，ブドウ糖や麦芽糖があるときに赤褐色の沈殿ができる。

(4)(5) デンプンは，だ液，すい液，小腸の壁の消化酵素によって分解が進み，吸収されるまでにブドウ糖となる。

4 (2) 10人目が左手を上げて合図する行動と，9人目までが次の人の手を握る行動にかかる時間は同じと考えてよい。また，ストップウォッチではかった時間には，1人目が10人目の上げた手を見てからストップウォッチを止めるまでの時間も含まれるので，その時間をひいてから9人で割ればよい。したがって，$(2.1-0.12)÷9$ $=0.22〔秒〕$になる。

3 生命の連続性

Check!
本冊 ➡ p.12

1 ① 細胞分裂 ② 染色体 ③ 同じ
④ 形質 ⑤ 遺伝子 ⑥ 体細胞分裂

2 ① 生殖 ② 無性生殖 ③ 有性生殖
④ 精細胞 ⑤ 卵細胞 ⑥ 胚 ⑦ 精子
⑧ 卵 ⑨ 生殖細胞 ⑩ 減数分裂

3 ① 遺伝 ② 遺伝子 ③ 対立形質 ④ 顕性
⑤ 潜性 ⑥ 分離 ⑦ Aa ⑧ 1 ⑨ 2 ⑩ 1
⑪ DNA

4 ① 進化 ② 相同器官 ③ 38 ④ ホニュウ
⑤ 鳥

Try!
本冊 ➡ p.14

1 (1) ア
(2) 細胞どうしを離れやすくするため。
(3) 細胞が重なるから。 (4) 染色体
(5) A→E→C→B→D

2 (1) 生殖細胞 (2) 減数分裂
(3) d→a→c→b (4) ア，エ

3 (1) 潜性の形質 (2) 分離の法則
(3) ① ア ② 1：2：1 ③ 135個

(4) 5：1

4 (1) X 殻 Y 水中 Z 陸上
(2) ① シソチョウ(始祖鳥) ② ハチュウ
③ 鳥
(3) 口に歯がある。 翼につめがある。
尾に骨がある。

解説

1 (2)(3) 塩酸は細胞壁の成分を壊すため，細胞どうしが離れやすくなり，また，親指で押すことで細胞が横に広がって重なりがなくなる。細胞が重なっていると，ピントが合った細胞の前後にピントが合っていない細胞が見え，観察しにくい。

2 (1)(2) 卵や精子は，染色体の数が体細胞の$\frac{1}{2}$になる減数分裂でつくられる。

(3) 発生では，しだいに細胞の数がふえ，形やはたらきの異なる細胞が現れ，からだができていく。

(4) 単細胞のゾウリムシは分裂，ヒドラは出芽(小さな子が分裂する)でふえる。

3 (3) ① 子の遺伝子の組み合わせはすべてAaなので，生殖細胞は遺伝子Ａをもつものと遺伝子aをもつものが同数できる。

③ AAとAaは丸形，aaはしわ形になり，丸形は全体の，

$\frac{1+2}{1+2+1}=\frac{3}{4}$なので，

$180×\frac{3}{4}=135$個と考えられる。

(4) AAの自家受粉では4AA，2Aaの自家受粉では，$2(AA：2Aa：aa)=2AA：4Aa：2aa$ができる。これらの合計は6AA：4Aa：2aaで，丸形：しわ形＝10：2＝5：1となる。

4 身のまわりの物質

Check!
本冊 ➡ p.16

1 ① 炭素 ② 有機物 ③ 無機物 ④ 金属
⑤ 非金属

2 ① 密度 ② g/cm^3 ③ 質量 ④ 体積

3 ① 二酸化マンガン ② 水上置換法 ③ 塩酸
④ 下方置換法 ⑤ 酸 ⑥ 小さい
⑦ 上方置換法 ⑧ アルカリ

4 ① 溶質 ② 溶媒 ③ 溶液
④ 質量パーセント濃度 ⑤ 溶解度
⑥ 飽和水溶液 ⑦ 大きく ⑧ 再結晶
⑨ 塩化ナトリウム

5 ① 状態変化　② 沸点　③ 融点
　④ 純粋な物質　⑤ 混合物　⑥ 沸騰　⑦ 蒸留

Try!

本冊 ➡ p.18

1 (1) ウ　(2) 有機物
　(3) A 砂糖　B かたくり粉　C 食塩
2 (1) $8.96g/cm^3$　(2) 鉄
　(3) A，C　(4) 145.8g
3 (1) うすい過酸化水素水，二酸化マンガン
　(2) ア，エ
4 (1) 37.5%　(2) 28.4g
　(3) 水を蒸発させる。
5 (1) 急激な沸騰(突沸)を防ぐため。
　(2) 蒸留　(3) A　(4) 沸点
6 (1) 融点
　(2) 質量：変化しない　体積：小さくなる

解説

1 砂糖とかたくり粉は炭素を含む有機物で，粒子(分子)の大きいかたくり粉(デンプン)は水に溶けない。
2 (1) 密度＝質量÷体積なので，
　　$22.4÷2.5=8.96〔g/cm^3〕$になる。
　(2) $64.5÷8.2=7.865…〔g/cm^3〕$なので，表の鉄の密度とほぼ等しいことがわかる。
　(3) Cは$53.8÷6.0=8.966…〔g/cm^3〕$，Dは$29.7÷11.0=2.70〔g/cm^3〕$なので，Aは銅，Bは鉄，Cは銅，Dはアルミニウムとわかる。
　(4) $2.70×54.0=145.8〔g〕$になる。
3 酸素は，無色・無臭で水に溶けにくいので水上置換法で集める。
4 (1) 溶質は60g，溶液は$100+60=160〔g〕$なので，$60÷160×100=37.5〔%〕$になる。
　(2) 硝酸カリウムの20℃の溶解度は31.6gなので，$60.0-31.6=28.4〔g〕$になる。
　(3) 塩化ナトリウムは水の温度による溶解度の差がとても小さいので，溶媒の水の質量を減少させる。
5 (3) エタノールの沸点は約78℃なので，図2のグラフから，加熱開始から約4分で沸騰が始まりエタノールを多く含む気体が出てくる。温度が上がるにしたがって水を多く含む蒸気が出てくるようになる。
6 (2) ロウが固まるとき，外側(ビーカーの壁側)から固まる。固体が増えるにしたがって体積が小さくなるため，中央がくぼむ。

5 化学変化と原子・分子

Check!

本冊 ➡ p.20

1 ① 炭酸ナトリウム　② 水　③ 二酸化炭素
　④ 化学変化(化学反応)　⑤ 分解　⑥ 銀
　⑦ 酸素　⑧ 酸素　⑨ 水素　⑩ 1　⑪ 2
　⑫ 塩素　⑬ 銅
2 ① 原子　② 元素　③ 元素記号　④ 周期表
　⑤ 分子　⑥ 単体　⑦ 化合物
　⑧ 2　⑨ 2
3 ① 酸化　② 酸化物　③ 燃焼　④ 二酸化炭素
　⑤ 水　⑥ 2CuO　⑦ 白　⑧ 銅　⑨ 還元
　⑩ 発熱反応　⑪ 吸熱反応
4 ① 質量保存の法則　② 二酸化炭素　③ 比例

Try!

本冊 ➡ p.22

1 (1) $2cm^3$
　(2) 気体：水素
　　確認法：火のついたマッチを近づけると，音をたてて燃えるか確認する。
　(3) $2H_2O → 2H_2 + O_2$
2 (1) 銀　(2) O_2
　(3) 酸化銀：エ　(1)の固体：イ　(2)の気体：ア
　(4) $2Ag_2O → 4Ag + O_2$
3 (1) 反応で発生する熱で次々に反応(化学変化)が起こっていくから。
　(2) 鉄は硫黄と化学変化して，鉄とは別の物質の硫化鉄になってしまったから。
　(3) 試験管A：水素　試験管B：硫化水素
4 (1) CO_2　(2) 酸化銅：還元　炭素：酸化
　(3) 0.66g
5 (1) 気体：二酸化炭素
　　確認法：石灰水に通して振り，石灰水が白くにごるか確認する。
　(2) 3.5g
　(3) 密閉できる容器の中で，うすい塩酸と石灰石を反応させる。
6 (1) 3：2　(2) 1.8g　(3) 0.2g

解説

1 (1)(3) 2分子の水から，2分子の水素(陰極)と1分子の酸素(陽極)が生じるので，体積比は水素(陰極)：酸素(陽極)＝2：1になる。
2 (3) 酸化銀は，銀原子：酸素原子＝2：1の割合で並んでいる分子をつくらない化合物である。(1)の固体の銀は，銀原子が並んでできているので分子をつくらない単体である。(2)の気体の酸素は，

酸素原子2個が結びついて1分子ができている分子をつくる単体である。

3 (3) 試験管Aでは鉄と反応して水素が，試験管Bでは硫化鉄と反応して硫化水素が発生する。

4 下図のような化学変化が起こった。

$$2CuO + C \xrightarrow{\text{還元}} 2Cu + CO_2$$
（酸化）

(3) 質量保存の法則で，反応の前後の物質の質量の総和は等しいので，$2.40+0.18-1.92=0.66$〔g〕になる。

5 反応の前後での全体の質量の差は，次の通りである。

1.0	2.0	3.0	4.0	5.0
128.56	129.56	130.56	131.56	132.56
127.90	128.24	128.58	129.25	130.25
0.66	1.32	1.98	2.31	2.31
	0.66	0.66	0.33	0

(2) 石灰石を1.0gずつ加えていったときに発生する二酸化炭素の体積は，3.0gまでは0.66gずつだが，4.0gでは$\frac{1}{2}$の0.33gになり，5.0gでは発生しなくなっている。このことから，過不足ない石灰石の質量は3.5gとわかる。

6 (1) 0.3gのマグネシウムに0.2gの酸素が結びついて0.5gの酸化マグネシウムができることがわかるので，$0.3:0.2=3:2$である。

(2) 結びつく酸素の質量をxgとすると，$2.7:x=3:2$より，$x=1.8$とわかる。

(3) 増加した質量は結びついた酸素の質量なので，結びついた酸素の質量は$3.2g-2.0g=1.2g$である。マグネシウム：酸素$=3:2$なので，酸素と結びついたマグネシウムをxgとすると，$x:1.2=3:2$より，$x=1.8$なので，反応しないで残っているマグネシウムは$2.0-1.8=0.2$〔g〕とわかる。

6 イオン

(no)

Check!　本冊 ➡ p.24

1 ① 電解質　② 非電解質
2 ① 陽　② 刺激　③ 塩素　④ 陰　⑤ 銅
　　⑥ 消える
3 ① 塩化水素　② HCl　③ 塩素
　　④ よく溶ける　⑤ 水素　⑥ 溶けにくい
4 ① 陽子　② 中性子　③ 原子核　④ 電子
　　⑤ 中性　⑥ ＋　⑦ 陽　⑧ －　⑨ 陰　⑩ 電離

5 ① マグネシウムイオン　② 亜鉛イオン
　　③ マグネシウム　④ 銅イオン
　　⑤ マグネシウム　⑥ 亜鉛イオン　⑦ 亜鉛
　　⑧ マグネシウム　⑨ 亜鉛　⑩ 銅

Try!　本冊 ➡ p.26

1 (1) 電解質　(2) 気体：A　固体：B
　(3) ウ　(4) 金属光沢が出る。
　(5) $CuCl_2 \rightarrow Cu+Cl_2$
2 (1) D　(2) 電極C：水素　電極D：塩素
　(3) 電極C：イ　電極D：ウ
　(4) $2HCl \rightarrow H_2+Cl_2$　(5) $HCl \rightarrow H^++Cl^-$
3 (1) A ア　B エ　(2) A 11個　B 10個
　(3) 17個
　(4) 亜鉛原子が図のBを2個放出する(失う)。
4 (1) ① ア　② イ　③ イ
　(2) 増加：Mg^{2+}　減少：Zn^{2+}
　(3) マグネシウム
　(4) 銅，亜鉛，マグネシウム

解説

1 (2) 陽イオンの銅イオン(Cu^{2+})は陰極に引きつけられ，2個の電子を受けとって銅原子になる。陰イオンの塩化物イオン(Cl^-)は陽極に引きつけられ，電子を1個失って塩素原子となり，塩素原子は2個結びついて気体の塩素となる。

2 (1)～(3) 水素は水に溶けにくいので，発生したほとんどがたまる。一方で塩素は水によく溶けるので，発生した多くは溶けてしまいたまるのは少量になる。したがって，電極Cは水素が発生する陰極，電極Dは塩素が発生する陽極とわかる。

3 (2) ナトリウムイオン(Na^+)は陽イオンで＋の電気を帯びているので，陽子(＋)が電子(－)よりも1個多い。したがって，Aの陽子は原子と同じ11個で，Bの電子は10個とわかる。

(3) 塩化物イオン(Cl^-)は陰イオンで－の電気を帯びているので，Bの電子18個から，Aの陽子は17個になる。

4 (1) 2種類の金属があるとき，イオンへのなりやすさの違いから，イオンになりやすい金属は原子→イオンと変化し，イオンになりにくい金属はイオン→原子と変化する。

(2) ①ではマグネシウム板がうすくなっていることから，マグネシウムは原子→イオン，黒色の物質が付着していることから，亜鉛はイオン→原子と変化している。

7 電池と酸・アルカリ

Check!

1 ① 電池（化学電池） ② ダニエル ③ 亜鉛
④ Zn^{2+} ⑤ Cu^{2+} ⑥ 亜鉛板 ⑦ 銅板
⑧ － ⑨ ＋ ⑩ 二次電池 ⑪ 一次電池
⑫ 燃料電池

2 ① 赤 ② 黄 ③ 赤 ④ 水素 ⑤ 青 ⑥ 青
⑦ 青 ⑧ 赤 ⑨ 酸 ⑩ アルカリ

3 ① 水素 ② 水酸化物 ③ 陰 ④ 陽

4 ① 水素イオン ② 水酸化物イオン ③ 中和
④ 塩 ⑤ 塩化ナトリウム ⑥ NaCl
⑦ 硫酸バリウム ⑧ 硝酸カリウム

Try!

1 (1) ダニエル電池
(2) A Zn^{2+} B Cu^{2+} (3) イ
(4) 亜鉛板：ア 銅板：ウ (5) ウ
(6) ① イ ② ア ③ ウ ④ ク

2 (1) 電流が流れるようにするため。 (2) D
(3) 名称：水酸化物イオン 化学式：OH^-

3 (1) $HCl \rightarrow H^+ + Cl^-$
(2) ① 500個 ② 500個 ③ 0個
(3) NaCl
(4) 同じ水酸化ナトリウム水溶液を$2cm^3$加える。

解説

1 (2)〜(5) ダニエル電池では，イオンになりやすい亜鉛原子が電子を2個失って亜鉛イオン（Zn^{2+}）になって溶け出す。亜鉛原子が放出した電子は導線を通って銅板へ移動する。銅板の表面では銅イオンが移動してきた電子を受けとって銅原子になっている。このため，亜鉛板は－極，銅板は＋極となる。

2 (2)(3) 水酸化ナトリウム（NaOH）は，ナトリウムイオン（Na^+）と水酸化物イオン（OH^-）に電離する。このうち，リトマス紙の色を変えるのは水酸化物イオンで，－の電気を帯びているため陽極側へ移動するので，Dの部分が青色に変わる。

3 (2) うすい塩酸$10cm^3$を過不足なく中和するために必要な水酸化ナトリウム水溶液は，表でBTB溶液を加えた液が緑色になったときなので，$6cm^3$とわかる。
① 加えた水酸化ナトリウム水溶液が$3cm^3$なので，ビーカー内の液中の水素イオンは半数が水になっている。よって，残っているの

は半数の500個になる。
② ①より，水素イオン500個が中和反応に使われたので，できた水分子は500個である。
③ 中性の水溶液中に水素イオンは存在しないので，0個になる。
(4) 同じ塩酸$20cm^3$を過不足なく中和するために必要な水酸化ナトリウム水溶液は，$12cm^3$なので，$10cm^3$を加えた時点では混合した液中に水素イオンがある。完全に中性にするには，$12-10=2〔cm^3〕$の同じ水酸化ナトリウム水溶液を加える必要がある。

8 身のまわりの現象

Check!

1 ① 反射 ② 入射角 ③ 反射角 ④ 反射
⑤ 屈折 ⑥ 屈折角

2 ① 像 ② 焦点 ③ 焦点距離 ④ 小さい
⑤ 焦点 ⑥ 直進 ⑦ 平行 ⑧ 実像
⑨ 逆向き（反対） ⑩ 小さく ⑪ 同じ
⑫ 大きく ⑬ できない ⑭ 虚像 ⑮ 同じ
⑯ 大きく

3 ① 振幅 ② 大きく ③ 振動数 ④ Hz
⑤ 少なく ⑥ 高く

4 ① 弾性力 ② 垂直抗力 ③ 摩擦力 ④ 重力
⑤ 質量 ⑥ 比例 ⑦ フック ⑧ 作用点
⑨ つり合っている

Try!

1 (1) ウ (2) イ

2 (1) イ (2) 40cm (3) 小さくなる。
(4) 小さくなる。

3 (1) 細い弦 (2) 右

4 (1) 504m (2) 336m/s

5 5N

6 (1) 摩擦力 (2) 弾性力 (3) 垂直抗力
(4) 図4 向き：右 大きさ：5N
図5 向き：右 大きさ：3N

解説

1 光の反射の法則により，入射角＝反射角。

2 (1) 実像は上下・左右が逆になる。
(3)(4) 物体と凸レンズの距離を大きくしていくと，像ができるスクリーンと凸レンズの距離は小さくなり，像の大きさも小さくなる。

3 (1) 弦が細くなると，振動数が多くなるので，高い音になる。
(2) 音を高くするには，振動する弦が短くなるよう

にことじを動かす。

4 (1) 音は, 人の立っている位置と校舎の間を往復するので, 音が伝わった距離は,

$$252×2=504〔m〕$$

(2) 音の速さ〔m/s〕

$$=\frac{音が伝わった距離〔m〕}{音が伝わるのにかかった時間〔s〕}$$

より, $\frac{504}{1.50}=336〔m/s〕$

9 電流とその利用

Check!

本冊 ➡ p.36

1 ① 回路　② 直列回路　③ 並列回路　④ 電圧
　　⑤ 同じ　⑥ 和　⑦ 和　⑧ 等しい

2 ① 比例　② オーム　③ 不導体　④ 和
　　⑤ 小さく

3 ① 電気エネルギー　② 電力　③ 比例
　　④ 電力量

4 ① 静電気　② －　③ ＋　④ 真空放電
　　⑤ 陰極線　⑥ 電子

5 ① 磁力　② 磁界　③ 同心円　④ 電磁誘導
　　⑤ 誘導電流　⑥ 逆(反対)　⑦ 逆(反対)
　　⑧ 直流(電流)　⑨ 交流(電流)

Try! 本冊 ➡ p.38

1 (1) 3A　(2) 1.4A　(3) 3V　(4) 3V
2 (1) a 20Ω　b 40Ω　(2) 0.05A
　　(3) 0.375A　(4) 13.3Ω
3 (1) 2A　(2) 12000J　(3) 1000Wh
4 (1) a　(2) 16W　(3) 960J　(4) 230.4cal
5 (1) 真空放電　(2) B　(3) 電子
　　(4) －の電気
6 (1) アーイ：右向き　ウーエ：左向き
　　(2) a

解説

1 (2) 点aを流れる電流が3A, 点eを流れる電流が
　　1.6Aなので,
　　　$$3-1.6=1.4〔A〕$$
　　(3)(4) 並列回路では, 各部分に加わる電圧も, 電源
　　装置の電圧と等しいので, 答えは3V。

2 (1) a $\frac{4〔V〕}{0.2〔A〕}=20〔Ω〕$

　　　b $\frac{4〔V〕}{0.1〔A〕}=40〔Ω〕$

　　(2) 直列回路なので, 回路全体の抵抗は,
　　　$$20〔Ω〕+40〔Ω〕=60〔Ω〕$$

$$3〔V〕÷60〔Ω〕=0.05〔A〕$$

　　(3) 電熱線aを流れる電流は,
　　　$$5〔V〕÷20〔Ω〕=0.25〔A〕$$
　　　電熱線bを流れる電流は,
　　　$$5〔V〕÷40〔Ω〕=0.125〔A〕$$
　　　よって全体では, 0.375〔A〕
　　(4) $5〔V〕÷0.375〔A〕=13.3…〔Ω〕$

3 (1) $200〔W〕÷100〔V〕=2〔A〕$
　　(2) $200〔W〕×60〔秒〕=12000〔J〕$
　　(3) $1000〔W〕×1〔h〕=1000〔Wh〕$

4 (2) 電熱線bを流れる電流は,
　　　$$8〔V〕÷4〔Ω〕=2〔A〕$$
　　　したがって, $8〔V〕×2〔A〕=16〔W〕$
　　(3) $16〔W〕×60〔秒〕=960〔J〕$
　　(4) (3)に0.24をかければよい。

5 (1) 蛍光灯の灯りも真空放電のしくみを利用して
　　つくられている。
　　(2) 陰極線は－の電気を帯びた電子の流れなので,
　　＋極に引かれて曲がる。
　　(3)(4) 電子は－の電気を帯びた小さな粒子で, －
　　極から＋極の向きに流れる。

6 (2) コイルが半回転すると, 磁界から受ける力は逆
　　向きになるので, 同じ方向の回転を続けるため
　　には, 電流の向きも逆にならなければならない。

10 力と運動

Check! 本冊 ➡ p.40

1 ① 合成　② 合力　③ 和　④ 同じ　⑤ 差
　　⑥ 大き　⑦ 対角線　⑧ 分解　⑨ 分力
　　⑩ 水圧　⑪ 浮力　⑫ 体積　⑬ 変わらな
　　⑭ つり合って　⑮ 大き　⑯ 下
　　⑰ つり合って

2 ① 平均の速さ　② 瞬間の速さ　③ 自由落下
　　④ 等速直線運動　⑤ 向き　⑥ 距離　⑦ 慣性
　　⑧ 慣性　⑨ 大きく　⑩ 垂直抗力　⑪ 平行
　　⑫ 角度(傾き)　⑬ 反対(逆)　⑭ 等し
　　⑮ 反対(逆)　⑯ 作用・反作用

Try! 本冊 ➡ p.42

1

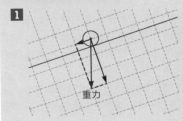

重力

6

2 エ
3 (1) 1.00N (2) 浮力
   (3) 反対向き (4) 0.20N
   (5) いえない。
4 (1) 72cm/s (2) 0.5秒
   (3) 等速直線運動
5 (1) 比例 (2) 約100cm/s
   (3) 等速直線運動
6 (1) 0.1秒
   (2) ① 23cm/s ② 21cm/s ③ 22cm/s
      ④ 29cm/s ⑤ 23.75cm/s
   (3) ア

解説

2 AとBの船は，どちらも浮いているので，それぞれの重さと浮力はつり合っている。
したがって　WA＝FA，WB＝FB
また，水中にある体積が大きいBのほうが，受ける浮力が大きい。
したがって，FA＜FB

3 (1) 空気中にあるときのばねばかりが示す値が，おもりの重さである。
(2) 水中の物体にはたらく上向きの力を，浮力という。
(3) 浮力は，重力とは反対向きの力である。
(4) おもりを半分まで水中に沈めたときの浮力の大きさは，
　　1.00－0.90＝0.10〔N〕
全体を沈めたときは，浅いときも深いときもともに0.80Nだから，浮力の大きさは，
　　1.00－0.80＝0.20〔N〕
(5) 物体全体を水中に沈めると，深さに関係なく同じ大きさの浮力を受ける。浮力の大きさは，物体が水中にある部分の体積が大きいほど大きい。

6 (2) ① A点からB点までの距離は，図から，2.3cm。その間に経過する時間は0.1秒なので，
　　　　2.3÷0.1＝23〔cm/s〕
　　⑤ 9.5÷0.4＝23.75〔cm/s〕

11 仕事とエネルギー

本冊 ➡ p.44

1 ① 仕事 ② 仕事 ③ ジュール ④ 力
   ⑤ 距離 ⑥ 距離 ⑦ 物体に加えた
   ⑧ ならない
2 ① 大きく ② 変わらない ③ 仕事
3 ① 仕事率 ② 仕事(の大きさ) ③ 時間
   ④ ワット
4 ① エネルギー ② ジュール ③ 位置
   ④ 高 ⑤ 大き ⑥ 運動 ⑦ 速 ⑧ 大き
5 ① 力学的 ② しない
6 ① ジュール ② 変換効率 ③ 保存
   ④ 伝導(熱伝導) ⑤ 対流
   ⑥ 放射(熱放射)

Try!　　　　　　　　　　　　本冊 ➡ p.46

1 (1) 位置エネルギー：A，E
      運動エネルギー：C
   (2) 位置エネルギー：増加
      運動エネルギー：減少
2 (1) 480J (2) 8m
   (3) 16m
   (4) ① Bさん ② 80W
3 (1) 100J (2) 100N
4 (1) ① 0.12J ② 0.03W
   (2) 作用・反作用の法則 (3) 運動エネルギー
   (4) ① 小さくなる。 ② 小さくなる。
   (5) イ (6) 熱エネルギー

解説

1 (1) 位置エネルギーは，振り子が最も高い位置にあるときに最大になる。図の場合，点Aと点Eの高さは等しいので，位置エネルギーが最大になるのは，点Aと点E。一方の運動エネルギーは，振り子が最も速く動く点Cで最大になる。

2 (1) 12kg(12000g)の物体にはたらく重力の大きさは，
　　1×12000÷100＝120〔N〕
この重力と等しい力で4mの高さまで引き上げているので，
仕事〔J〕＝力の大きさ〔N〕
　　　　×力の向きに動いた距離〔m〕より，
120×4＝480〔J〕
(2) 動滑車を1個使うと，引く力は
$\frac{1}{2}$の60Nになるが，引く距離は2倍の8mになる。
(3) 図1〜図3はどれも，同じ質量の物体を同じ高さだけ引き上げている。道具を使っても使わなくても，同じ状態になるまでの仕事の大きさは変わらないこと(仕事の原理)より，図1〜図3の仕事の大きさはどれも同じ(480J)である。したがって，Cさんが引いた力は，Bさんが引

7

いた力(60N)の半分(30N)になっているので，Cさんが引いた距離は，Bさんが引いた距離(8m)の2倍になるはずである。

(4) 仕事の原理より，3人がした仕事の大きさは同じである。また，

$$仕事率〔W〕＝\frac{仕事の大きさ〔J〕}{仕事にかかった時間〔s〕}$$

より，仕事の大きさが同じとき，仕事率は仕事にかかった時間が大きいほど小さい。したがって，仕事率が最も小さかったのはBさんの仕事で，その仕事率は

$$480÷6＝80〔W〕$$

なお，Aさんの仕事率は

$$480÷4＝120〔W〕,$$

Cさんの仕事率は

$$480÷5＝96〔W〕である。$$

3 (1) 仕事〔J〕

＝力の大きさ〔N〕×力の向きに動いた距離〔m〕

で求められるので，$200×0.5＝100〔J〕$

(2) 仕事の原理より，てこを使っても仕事の大きさは変わらないので，てこに加えた力をx〔N〕とすると，

$$100＝x×1$$
$$x＝100÷1＝100〔N〕$$

4 (1) ① $0.4×0.3＝0.12〔J〕$

② $0.12÷4＝0.03〔W〕$

(4)(5) 位置エネルギーは，高さが高いほど，物体の質量が大きいほど大きくなる。運動エネルギーは，物体の質量が大きいほど，速さが速いほど大きくなる。位置エネルギーと運動エネルギーの和の力学的エネルギーは，一定に保たれている。

(6) 摩擦力がはたらき，摩擦熱が生じた。運動エネルギーの一部は，熱エネルギーに変換された。

12 大地の変化

Check!

本冊 ➡ p.48

1 ① 溶岩　② 火山ガス　③ 鉱物　④ 火山岩
　⑤ 斑状　⑥ 石基　⑦ 斑晶　⑧ 深成岩
　⑨ 等粒状

2 ① 初期微動　② 主要動　③ 初期微動継続時間
　④ 緊急地震速報　⑤ 震度　⑥ 大きい
　⑦ マグニチュード

3 ① 深く　② プレート　③ 断層　④ 海溝型
　⑤ 内陸型

4 ① 風化　② 侵食　③ 運搬　④ 堆積
　⑤ 石(れき)　⑥ かぎ層　⑦ 堆積岩

　⑧ 凝灰岩　⑨ チャート　⑩ 示相化石
　⑪ 示準化石　⑫ 地質年代

Try!

本冊 ➡ p.50

1 4時15分08秒

2 (1) 12時20分08秒　(2) 12時20分46秒
　(3) 34秒　(4) プレート

3 (1) 震央　(2) 下図

　(3) 小さくなっていく。

4 (1) ア 斑状　イ 等粒状
　(2) X 火山岩　Y 深成岩
　(3) 地表付近や地表で急に冷え固まった。
　(4) A エ　C イ

5 (1) ウ，エ　(2) あたたかく浅い海だった。
　(3) 80m

解説

1 地点Bの初期微動継続時間は，23秒である。震源からの距離と初期微動継続時間は，比例している。地点Aでの初期微動継続時間をx秒とすると，x：$23＝240：460$　$x＝12$

よって，A地点では，4時14分56秒の12秒後の4時15分08秒に，主要動が始まった。

3 (2) 同心円の中心が震央となる。

4 (1)(2) マグマが冷えて固まった火成岩のうち，安山岩のような火山岩のつくりは，斑晶と石基からなる斑状組織である。また，花こう岩のような深成岩のつくりは，ほぼ同じ大きさの鉱物がきっちりと組み合わさった等粒状組織である。

5 (1) 火山灰が堆積してで
きた凝灰岩の層に着
目して考える。上下の
地層の厚さから，同じ
時代に堆積した凝灰
岩の層を並べると，右
の図のようになる。こ
のため，アと同じれき
岩の層は，ウ，エとな
る。

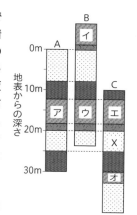

(2) サンゴは，環境を知る
手がかりになる示相
化石である。

(3) 地点Cの地層を10m下げると，地点Aの凝灰
岩の層と同じ高さになるので，標高80mであ
る。

13 天気とその変化

Check!
本冊 ➡ p.52

1 ① 雲量　② 湿度　③ ヘクトパスカル
④ 圧力　⑤ パスカル　⑥ 大気圧(気圧)

2 ① 飽和水蒸気量　② 凝結　③ 露点　④ 露点
⑤ 低く

3 ① 気圧配置　② 高気圧　③ 低気圧　④ 強く
⑤ 気団　⑥ 前線　⑦ 寒冷　⑧ 温暖　⑨ 閉塞
⑩ 停滞　⑪ 北　⑫ 南

4 ① 偏西風　② 海陸風　③ 南東　④ 北西
⑤ シベリア　⑥ オホーツク海　⑦ 小笠原
⑧ 西高東低　⑨ 移動性高気圧　⑩ 梅雨
⑪ 台風

Try!
本冊 ➡ p.54

1 (1) 20N　(2) B
(3) 0.0125m²　(4) 1600Pa
(5) 5倍

2 (1) 10℃　(2) 69.1%
(3) 13℃

3 (1) 下の図

(2) 天気　快晴　　気温　5℃
風向　北

(3) (温帯)低気圧(寒冷前線)

(4) 4月1日の13時から14時の間

(5) 気温が急に下がり，北寄りの風に変わったか
ら。

4 (1) 昼：海　夜：陸　(2) 昼：陸　夜：海
(3) B，C　(4) 昼：ア　夜：イ
(5) 昼：海風　夜：陸風

解説

1 (4) 20÷0.0125＝1600〔Pa〕
(5) 圧力は面積に反比例する。机と接する面積は，
Aは0.05×0.25＝0.0125〔m²〕，
Bは0.05×0.15＝0.0075〔m²〕，
Cは0.15×0.25＝0.0375〔m²〕

2 (1) 気温と飽和水蒸気量の表から，1m³中にふくま
れる水蒸気量が9.4gの気温を読みとる。この
ときの温度10℃が，この空気の露点になる。

(2) $\dfrac{9.4}{13.6}$×100＝69.11…〔%〕

よって，小数第2位を四捨五入して，69.1%に
なる。

(3) 湿度表の16℃のところを右に見て，湿度69.1
%に近い値を探す。69%のとき，乾球と湿球の
示度の差が3.0℃である。湿球の示度は，乾球
の示度より低くなるので，16−3.0＝13〔℃〕

3 (1)(2) 天気図記号は覚えておくようにする。
(3) 日本付近を通過する低気圧は，温帯低気圧であ
る。
(4)(5) 寒冷前線が通過すると，寒気の中に入るの
で，気温は急に下がる。

14 地球と宇宙

Check!
本冊 ➡ p.56

1 ① 天球　② 天頂　③ 地軸　④ 自転　⑤ 南中
⑥ 南中高度　⑦ 日周運動

2 ① 公転　② 同じ　③ 年周運動　④ 公転
⑤ 黄道　⑥ 地軸

3 ① 1　② 満ち欠け　③ 西　④ 東
⑤ 29.5(30)　⑥ 反時計　⑦ 日食　⑧ 月食
⑨ 公転　⑩ 内　⑪ 西　⑫ 東　⑬ 惑星
⑭ 内惑星　⑮ する　⑯ 外惑星

4 ① 恒星　② 黒点　③ 低い　④ プロミネンス
⑤ コロナ　⑥ 太陽系　⑦ 地球型　⑧ 木星型
⑨ 衛星　⑩ 1光年　⑪ 銀河系　⑫ 星団

1 (1) 日の出：4時27分
　　　日の入り：19時00分
　　(2) ①②③ 下の図

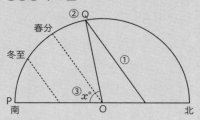

2 (1) 黄道　(2) ① イ　② エ　③ エ
　　(3) 66.6°　(4) オ
3 E
4 (1) a
　　(2) A イ　B ウ　C エ
　　(3) 金星は，地球よりも内側の軌道を公転しているから。
5 (1) B　(2) A　(3) C，D，E

解説
1 (1) 比例式をつくって，求める。
　　　日の出：Xから7時の点までの時間をx分とする。2.0：5.1＝60：x　x＝153　7時の153分前，つまり2時間33分前なので，4時27分。
　　　日の入り：17時の点からYまでの時間をy分とする。2.0：4.0＝60：y　y＝120　17時の120分後，つまり2時間後なので，19時00分。
　　(2) ① 下の図のように，AO＝BOとなる点Bの位置が，夏至の日の日の出の位置になる。点Bから，冬至と春分の日の太陽の動きの線分と平行になるように作図すればよい。

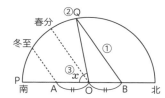

　　　② ① でかきいれた線分と子午線との交点が，太陽の南中の位置である点Qとなる。
　　　③ 点Qと観測地点である点Oを直線で結ぶ。このときできる∠QOPが，夏至の日の南中高度になる。
3 右側（西側）が光っている半月（上弦の月）だから，太陽は西側にある。つまり，上弦の月は，日の入りのころに南中する。
4 (1) 金星の公転の向きは，地球の自転の向きと同じ

である。
　　(2) A→B→Cの順に地球に近くなる。Aの位置にある金星は小さく，また，東側が小さく欠けて見える。Cの位置にあるときは大きく，また，東側が大きく欠けて見える。
　　(3) 金星のように，地球の公転の軌道よりも内側の軌道を公転する惑星は，地球の公転の軌道よりも外側には来ないので，真夜中に見ることはできない。

15 自然・科学技術と人間

1 ① 環境　② 生態系　③ 食物連鎖　④ 食物網
　　⑤ 光合成　⑥ 生産者　⑦ 消費者
　　⑧ 生物濃縮　⑨ 消費者　⑩ 分解者
　　⑪ 分解者　⑫ 微生物
2 ① 汚染　② 酸性雨　③ 大気汚染
　　④ 地球温暖化　⑤ フロン　⑥ オゾン層
　　⑦ 外来　⑧ 在来　⑨ 地震　⑩ 自然災害
3 ① 天然繊維　② 合成繊維　③ プラスチック
　　④ 化石燃料　⑤ 放射能　⑥ 電磁波
　　⑦ 中性子線　⑧ 再生可能　⑨ バイオマス
　　⑩ 持続可能

1 (1) 袋A　(2) 袋A
　　(3) 袋Aには微生物の菌類や細菌類がいるが，袋Bにはいない。
2 (1) 地点B
　　(2) 交通量が多いと気孔の汚れの割合も大きいため，自動車の排気ガスが原因で空気が汚れていると考えられる。
3 (1) 食物連鎖　(2) A イ　B ウ　C ア
　　(3) 生産者　(4) Bが減り，やがてAが減る。
　　(5) Cはふえ，やがてB，Aがふえて，元の状態にもどる。
4 (1) バイオマス　(2) イ
5 (1) ① 化学エネルギー　② 位置エネルギー
　　　③ 核エネルギー　④ 光エネルギー
　　(2) 石油，石炭，天然ガス
　　(3) 化石燃料
　　(4) (例)地球温暖化，酸性雨
6 (1) α線：エ　β線：ウ　中性子線：イ
　　(2) レントゲン
7 (1) ア　(2) カーボンニュートラル

解説

1 菌類や細菌類などの微生物がいると，ブドウ糖水溶液は呼吸により分解され，減少する。呼吸により，二酸化炭素が発生する。

2 (1) 地点Aは

$$\frac{8}{8+88}=0.083\cdots$$

地点Bは

$$\frac{70}{70+34}=0.673\cdots$$

である。汚れの割合が大きいほど空気が汚れている。

3 (1)〜(3) Cが生産者の植物（ミカヅキモ），BがCを食べる消費者の動物（ミジンコ），AがBを食べる消費者の動物（メダカ）である。

(4)(5) 自然界では，生産者，消費者の間で，数量の変動はあるが，長い目で見れば，一定の数量に保たれている。

4 化石燃料やウラン，金属などの埋蔵量には限りがあるため，再生可能エネルギーの開発が進められている。木片や落ち葉などの生物資源（バイオマス）は，植物の光合成により無機物の二酸化炭素などからつくられた有機物である。これらの有機物を利用して，微生物の酵母菌などは，エタノールやメタンなどをつくる。

5 (1) 風力発電や波力発電は運動エネルギー，地熱発電は熱エネルギー，燃料電池，ごみ発電，バイオマス発電は化学エネルギーを利用して，発電を行っている。

(4) 二酸化炭素には，宇宙への熱の放出をさまたげる性質（温室効果）がある。
大気中に放出された窒素酸化物や硫黄酸化物は水に溶けると硝酸や硫酸になり，強い酸性の雨を降らせる。

入 試 対 策 編

1 生物分野(植物のつくり)

Challenge!　　　　　　　　　　　　本冊 ➡ p.64

1 (1) 蒸散　(2) 気孔
 (3) (例)水面からの水の蒸発を防ぐため。　(4) **イ**
2 (1) d＝b＋c－a　(2) 6時間
 (3) X 蒸散　Y 道管

解説

1 (3) 水面に少量の油を注ぐことで，水が蒸発するの
を防ぐことができる。水面から水が蒸発してし
まうと，蒸散での水の減少量がわからなくなる
ため，このような操作を行う。
(4) Aは葉の裏側と茎からの蒸散量，Bは葉の表側
と茎からの蒸散量，Cは茎からの蒸散量である。
葉のどこにもワセリンをぬらない場合の蒸散
量は，葉の表側，裏側，茎の蒸散量を合わせた
量となる。
Cから，茎からの蒸散量は1.1gとわかるので，
葉の裏側からの蒸散量は，Aより，4.8－1.1
＝3.7〔g〕とわかる。また，葉の表側からの蒸散
量は，Bより，2.6－1.1＝1.5〔g〕とわかる。よ
って，葉のどこにもワセリンをぬらない場合の
蒸散量は，3.7＋1.5＋1.1＝6.3〔g〕より，イが正
しい。

2 (1) aは葉の表側と裏側と茎からの蒸散量，bは葉
の表側と茎からの蒸散量，cは葉の裏側と茎か
らの蒸散量，dは茎からの蒸散量を表している。
a 　(葉の表側)＋(葉の裏側)＋(茎)
b 　(葉の表側)　　　　　　＋(茎)
c 　　　　　　(葉の裏側)＋(茎)
b＋cをすると，(葉の表側)＋(葉の裏側)＋
(茎)＋(茎)の蒸散量がわかり，これから，aの
(葉の表側)＋(葉の裏側)＋(茎)の蒸散量をひく
と，dの茎からの蒸散量がわかる。よって，
d＝b＋c－aである。
(2) (1)より，a＝b＋c－dとなり，
a＝7.0＋11.0－2.0＝16.0〔g〕
よって，Aの試験管では10時間で16.0g減っ
たことがわかる。よって，10.0g減るのにかか
る時間は，$10 \times \dfrac{10.0}{16.0} = 6.25$〔時間〕であり，小
数第1位を四捨五入して，6時間である。

2 化学分野(化学変化／水溶液の性質)

Challenge!　　　　　　　　　　　　本冊 ➡ p.66

1 (1) 3.50g　(2) 1.80g
2 (1) A デンプン　C 水酸化ナトリウム
 (2) 非電解質
 (3) 陽イオン：Na^+　陰イオン：Cl^-
 (4) 水素イオン：**ウ**　塩化物イオン：**エ**

解説

1 (2) 結びつく質量の比は，マグネシウム：酸素：酸
化マグネシウム＝3：2：(3＋2)＝3：2：5なの
で，$2.10 \times \dfrac{5}{3} = 3.50$〔g〕となる。

(2) ステンレス皿の質量が21.60－0.30＝21.30〔g〕
なので，加熱後にステンレス皿にある物質の質
量は34.10－21.30＝12.80〔g〕である。また，加
熱で結びついた酸素の質量は
12.80－8.40＝4.40〔g〕で，4.40gの酸素と結び
つくマグネシウムは，$4.40 \times \dfrac{3}{2} = 6.60$〔g〕
である。したがって，結びついていないマグネ
シウムは，8.40－6.60＝1.80〔g〕になる。

2 (1) ヨウ素液に反応する物質Aはデンプン，水に溶
けるが水溶液が電流を通さない物質Bは砂糖，
水溶液に加えたフェノールフタレイン溶液が
赤色になる(アルカリ性)物質Cは水酸化ナト
リウム，水溶液が電流を通すがアルカリ性では
ない物質Dは塩化ナトリウムとわかる。
(4) 水素イオンは中和点までは混合液中に存在し
ないので**ウ**，塩化物イオンは加えたうすい塩酸
の体積に比例して増加するので**エ**になる。

3 物理分野（オームの法則）

Challenge!　　　　　　　　　　本冊 ➡ p.68

1 (1) 4Ω　(2) 1.8A
　　(3) カ　(4) イ
2 (1) 最大：ウ　最小：ア　(2) 20Ω

解説

1 (1) 3.0〔V〕÷0.75〔A〕=4〔Ω〕になる。

(2) 並列つなぎなので，それぞれの抵抗器を流れる電流の和が電源を流れる電流になる。また，電圧が表（3.0V）の2倍の6.0Vなので，
(0.75+0.15)×2=1.8〔A〕になる。

(3) スイッチ1を入れたときの全抵抗は①と③の直列つなぎで6.0〔V〕÷0.25〔A〕=24〔Ω〕，スイッチ2を入れたときの全抵抗は②と③の直列つなぎで6.0〔V〕÷0.5〔A〕=12〔Ω〕であることがわかる。よって，組み合わせは，①が20Ωのz，②が8ΩのY，③が4ΩのXである。

(4) 電圧が一定で，流れる電流が3倍になるのは，全抵抗が $\frac{1}{3}$ になったときである。このような組み合わせは，A-B間がX+Z（4+20）で24Ω，C-D間がYで8Ωのときでなる。

2 (1) 電熱線Aの抵抗は，$\frac{6.0〔V〕}{1.5〔A〕}=4.0〔Ω〕$ である。
電熱線Bは，電熱線Aと同じ電圧を加えたときに発生する熱量が $\frac{1}{3}$ なので，消費電力がAの $\frac{1}{3}$ である。よって，電熱線Bの電流は $1.5×\frac{1}{3}=0.5〔A〕$，抵抗は $\frac{6.0〔V〕}{0.5〔A〕}=12.0Ω$ である。直列回路全体の抵抗は，各抵抗の大きさの和に等しいので，図1の直列回路に流れる電流は，
$\frac{6.0}{4.0+12.0}=0.375〔A〕$ である。よって，図1の電熱線Aに加わる電圧は0.375×4.0=1.5〔V〕，電熱線Bに加わる電圧は0.375×12.0=4.5〔V〕とわかり，それぞれの消費電力は，消費電力〔W〕=電圧〔V〕×電流〔A〕より，Aが1.5×0.375=0.5625〔W〕，Bが4.5×0.375=1.6875〔W〕である。次に，図2の並列回路では，電熱線A，Bに加わる電圧は等しく6.0Vなので，それぞれに流れる電流は，Aが $\frac{6.0〔V〕}{4.0〔Ω〕}=1.5$〔A〕，Bが $\frac{6.0〔V〕}{12.0〔Ω〕}=0.5〔A〕$ である。よって，図2の電熱線の消費電力は，Aが6.0×1.5= 9.0〔W〕，Bが6.0×0.5=3.0〔W〕である。
以上より，消費電力が最大となるのは，9.0Wである図2の電熱線Aで，消費電力が最小となるのは，0.5625Wである図1の電熱線Aである。

(2) 図2は並列回路なので，それぞれの電熱線に加わる電圧は5.0Vで等しい。(1)より，電熱線Aの抵抗は4.0Ωなので，電熱線Aに流れる電流は，$\frac{5.0〔V〕}{4.0〔Ω〕}=1.25〔A〕$ であり，電熱線Cに流れる電流は，1.5-1.25=0.25〔A〕である。よって，電熱線Cの抵抗は，$\frac{5.0〔V〕}{0.25〔A〕}=20〔Ω〕$ となる。

13

4 地学分野（前線と天気の変化）

Challenge!

本冊 ➡ p.70

1 (1) エ (2) ① P ② 強い ③ 積乱雲

(3) 記号：**ウ**

理由：(例)気温が急激に下がり，風向が南からから北北東に変わっているから。

2 (1) ① イ ② ウ

(2) (例)冬は太平洋上よりユーラシア大陸上の気温が低くなるため，ユーラシア大陸上の空気の密度が高くなり，下降気流が発生するから。

解説

1 (1) 天気の記号は覚えておくこと。

雲量と天気

雲量	天気	記号
0〜1	快晴	○
2〜8	晴れ	◓
9〜10	くもり	◎

16方位

(3) 下の図のように，寒冷前線の通過前後で，南寄りの風から北寄りの風に変わり，気温も下がる。

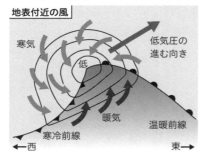

地表付近の風

2 (1) ① 風は，天気図において，等圧線の間隔が狭いところが強くなる。

② 1月27日の天気図から，近くに高気圧があり，気圧が高いことがわかる。

5 分野融合問題①

Challenge!

本冊 ➡ p.72

1 (1) (例)細胞どうしをばらばらにすることで観察のときに重ならず

(2) 記号：ア 集め方：下方置換

(3) (a) c, e, b, d

2 (1) ウ, ア, エ, イ (2) ア, イ

(3) マグマが地下深くで長い時間かけて冷え固まったから。

解説

1 (1) 塩酸には細胞壁どうしをくっつける物質を壊すはたらきがある。

(2) 塩酸の溶質の塩化水素は水に溶けやすく，空気よりも密度が大きいので，下方置換法で集める。

(3) 細胞分裂は，次のような順序で行われる。

2 (2) 火成岩Aは火成岩Bよりも黒っぽく有色鉱物の割合が大きい。クロウンモは有色鉱物だが，無色鉱物の割合が大きい花こう岩や流紋岩に含まれる鉱物である。

6 分野融合問題②

Challenge!

1 (1) 化石 (2) い O_2 う CO_2
(3) ウ (4) エ
2 (1) ① オ ② 0.27秒
(2) ① 年周運動
② X 北緯40°の緯線 Y B

解説

1 (3) 下位の消費者が取り込んだ有機物の一部は，呼吸によって消費されたり排出されたりするので，上位の消費者はすべてを利用できない。
(4) 骨格のない植物のからだを支えているのは，丈夫な細胞壁である。

2 (1) ② 3回の平均は$(2.52+2.61+2.16)÷3＝2.43$〔秒〕で，1人あたりは$2.43÷9＝0.27$〔秒〕になる。
(2) 図2で，地球儀Aは北極が太陽(光源)側にあるから夏，地球儀Bは北極が太陽(光源)の反対側にあるから冬である。下図のように，地球を一周する北緯40°の緯線上の地点で，光が当たっていない長さは地球儀Bの方が長い。

A 夏 B 冬

総合テスト

1 (1) ア (2) イ，エ
(3) イ (4) エ
2 (1) A
(2) 向き：変化なし 幅：小さくなった
3 (1) 分離の法則 (2) Aa
(3) (例) しわのある種子をまいて育て，さいた花の花粉と他家受粉し，できた種子がすべて丸い種子であればよい。
4 (1) $NaCl→Na^++Cl^-$
(2) 溶質の名称：ミョウバン
結晶の質量：8.6g
5 (1) 断層 (2) エ
(3) 地点：D 初期微動継続時間：8秒
6 (1) ① P ウ Q エ ② ア
(2) ① 38gの水に2gの食塩を溶かした。
② 発熱反応 ③ R ウ S オ

解説

1 (1) 高い音ほど振動数が多くA(1回の振動にかかる時間)は短くなり，大きい音ほどB(振幅)は大きくなる。
(2) メダカ(魚類)，ミミズ(無セキツイ動物)，イカ(軟体動物，トカゲ(ハチュウ類)は変温動物，ハト(鳥類)，ウサギ(ホニュウ類)は恒温動物である。
(3) 体積が異なるので重さを調べても区別できない。また，すべて電流は流れ，磁石には引き付けられない。
(4) 北の空の天体は，北極星付近を中心として，1時間に15°の割合で反時計回りに回転して見える。

2 (2) 電流の向き，U字型磁石の向きのどちらも変わらないので，向きは変わらない。抵抗器R_1の抵抗は6.0〔V〕$÷2.0$〔A〕$＝3.0$〔Ω〕で，抵抗器R_2は5.0Ωなので，抵抗が大きくなったことで流れる電流が小さくなるため，コイルの動く幅は小さくなる。

3 (2) 丸い種子の純系がつくる生殖細胞がもつ遺伝子はすべてA，しわのある種子の純系がつくる生殖細胞がもつ遺伝子はすべてaである。これらの受精でできる子の遺伝子の組み合わせは，すべてAaになる。

4 (1) 水溶液に電流が流れないDはショ糖(砂糖)，電流が流れ，すべて溶けたCは塩化ナトリウムである。
(2) 水溶液を40℃にしたとき，ミョウバン(23.8g)

はすべて溶ける。20℃にしたときに取り出すことができる結晶の質量は，20.0－11.4＝8.6〔g〕になる。

5 (2) マグニチュードは地震の規模(発生するエネルギー量)のことである。震源の深さとは無関係で，観測地点によって異なるのは震度である。また，マグニチュードが1大きくなるとエネルギー量は約32倍になる。

(3) 地震を伝える波の速さは一定とあるので，初期微動継続時間は，震源からの距離に比例して長くなる。震源から最も距離のある地点Dでの初期微動継続時間は，9時28分51秒－9時28分43秒＝8秒になる。

6 (2) ① 質量パーセント濃度が5％ということは，溶液の質量(40g)の5％が溶質の質量ということである。したがって，溶質(食塩)の質量は40×0.05＝2〔g〕で，水の質量は40－2＝38〔g〕になる。